Cécile Neuville est psychologue spécialisée en développement personne[illegible]t psychologie positive. Elle a fondé à Mo[illegible]a Maison du bien-être qui regroupe[illegible]ssionnels (psychologues, so[illegible]gues...). Elle est égale[illegible] *[illegible]heur permane[illegible]*

Du même auteur aux éditions Leduc.s

5 minutes par jour pour lâcher prise enfin !, 2016.
Le secret du bonheur permanent, 2013.

Maquette : Émilie Guillemin
Illustrations : Fotolia

Septième impression (mars 2018)
29, boulevard Raspail
75007 Paris – France
ISBN : 979-10-285-0030-6
ISSN : 2425-4355

C'EST MALIN
POCHE

CÉCILE NEUVILLE

APPRENDRE À LÂCHER PRISE C'EST MALIN

Inclus : 7 vidéos pour lâcher prise en une semaine. Rendez-vous à la dernière page !

LEDUC.S
PRATIQUE

SOMMAIRE

INTRODUCTION

Plus qu'une technique, le lâcher-prise est un art de vivre. Pour s'épanouir tout au long de la vie, l'idéal est de trouver le juste équilibre entre le « laisser-aller » et le « tenir-bon ». Le lâcher-prise se situe au cœur de ces deux dynamiques, qui sont complémentaires lorsqu'elles sont bien dosées. Lorsque vous lâchez prise, vous « laissez couler », vous « laissez faire », vous « laissez glisser », mais surtout, vous vous libérez de l'émotion désagréable qui était associée à votre état précédent. En général, vous acceptez de ne plus tout avoir sous « contrôle » ! Symboliquement, vous levez les bras et reculez d'un pas ou deux pour observer ce qu'il va se passer ou bien pour aller faire quelque chose de plus intéressant ailleurs.

Néanmoins, si vous lâchez prise un peu trop souvent ou un peu trop facilement, cela peut être considéré comme une sorte d'abandon, un manque de persévérance et de ténacité, voire de courage. Il est donc essentiel de savoir d'une part lâcher prise et d'autre part « tenir bon » lorsque cela est nécessaire. Mais où se situe cette fameuse limite ? À quel moment et comment savoir s'il est temps de lâcher prise ? Et comment faire pour y parvenir ?

Que ce soit face à l'imprévu ou face à nos propres limites et imperfections, que ce soit dans nos relations avec les autres ou avec le monde matériel, que ce soit au niveau mental ou émotionnel, il est possible d'apprendre l'art du lâcher-prise à tout âge et à n'importe quel moment !

Déception, colère, séparation, maladie, disputes, deuil, peur, culpabilité, accident, jalousie, doute, inquiétude, stress, dettes, imprévus... Vous vous demandez peut-être comment font les personnes heureuses pour accueillir ces émotions et surmonter ces épreuves que la vie peut mettre sur notre chemin ?

La science, entre autres, nous propose quelques clés au travers des recherches en psychologie positive pour nous aider à comprendre, apprendre et pratiquer le lâcher-prise dans notre quotidien. Et c'est principalement à partir des résultats de ces recherches scientifiques et de leurs applications concrètes dans la vie quotidienne que ce livre a été rédigé pour vous !

Profitez enfin de chaque instant de la vie en toute sérénité grâce au lâcher-prise !

1

CHANGER VOTRE VIE GRÂCE AU LÂCHER-PRISE

Chapitre 1

Le lâcher-prise et vous

DE QUOI PARLONS-NOUS ?

De nos jours, l'expression « lâcher-prise » est utilisée dans des situations si différentes qu'il n'est pas si simple de la définir de façon précise. Nous invitons une personne à se calmer au moindre petit haussement de ton : « Allez, calme-toi, reste zen, lâche prise, ça ira mieux ! » Chacun s'est approprié ce mot, en l'associant à sa propre expérience. D'ailleurs, si chacun de nous définissait maintenant ce qu'est le lâcher-prise, je suis certaine que nous n'obtiendrions pas deux définitions semblables !

Et si justement, avant que nous tentions d'apporter quelques éléments de réponse, vous preniez un petit temps pour vous poser la question ? Qu'est-ce que le lâcher-prise pour vous ? Spontanément, en quelques mots, je vous invite à prendre un stylo et à noter ici en une courte phrase quelle serait votre définition.

Pour moi, le lâcher-prise c'est...

....

....

L'origine du mot

Les premières traces de l'expression « lâcher-prise » semblent provenir de l'Orient, et plus précisément de l'Inde hindouiste, dans les écrits de certains maîtres spirituels indiens. Vers la fin des années 1970, de nombreux occidentaux venaient à la rencontre de ces maîtres spirituels pour se recentrer sur les valeurs essentielles de la vie. C'est à ce moment-là que s'est révélé le besoin prioritaire pour ces occidentaux de **« lâcher » leur volonté de tout contrôler**, de « lâcher » leurs attentes permanentes, leurs désirs reposant sur l'ego. Ils ont alors appris de ces rencontres ce que nous appelons aujourd'hui

l'acceptation, cette capacité à accepter ce que la vie nous propose sur notre route, bons et moins bons événements, belles et moins belles émotions.

Les Anglais traduisent cette capacité de deux façons : soit par le verbe « *to surrender* », l'associant davantage au fait de « rendre les armes », cesser de se battre, capituler, préférant économiser l'énergie d'un long combat au service d'une puissance plus ponctuelle le moment venu (un coup puissant vaut mieux que 1 000 coups fébriles) ; soit par le verbe « *to let go* », qui signifie plutôt « laisser aller » ou « laisser tomber ».

Du côté des maîtres Yogi, le terme sanskrit exprimant le lâcher-prise, si l'on se réfère aux textes sacrés, fait référence à « l'abandon de soi », plus précisément au fait de « se déposer ». Il ne s'agit plus là de déposer les armes, mais bien de déposer une partie de soi-même, de la mettre de côté, physiquement parlant. Le ressenti se fait autant dans l'esprit que dans le corps. Lâcher prise est alors **une véritable expérience physique de relâchement des tensions.** La respiration et la prise en compte des sensations psycho-corporelles sont primordiales dans cet art. La sérénité de l'esprit et du corps passe, selon ces traditions, par l'oubli de notre « volonté », pour laisser place à **l'abandon et à la confiance**.

Si nous revenons à une définition plus occidentale et actuelle du « lâcher-prise », selon le dictionnaire Larousse, il s'agit d'un « moyen de libération psychologique consistant à se détacher du désir de maîtrise ». Dans le langage courant, le lâcher-prise est souvent associé à l'action de cesser une poursuite, une dispute, un combat ou bien de « lâcher » ce que nous tenions avec force. Il est aussi souvent rattaché au besoin des occidentaux d'accepter leurs limites, de renoncer au contrôle, mais avec une connotation négative. Lâcher prise apparaît même parfois comme une marque de « faiblesse », un renoncement, voire une forme de lâcheté pour certains.

Heureusement, et de plus en plus, les auteurs, les thérapeutes et même plus récemment les chercheurs ont finalement mis en lumière l'impact positif du lâcher-prise. Sont mis en avant le sentiment de liberté, mais aussi la légèreté, la simplicité, l'ouverture vers une nouvelle vision des choses et de la vie, l'amélioration de la gestion de nos émotions, de nos relations, de notre quotidien.

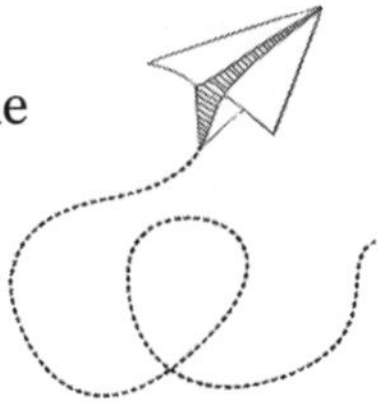

La notion de lâcher-prise est sortie depuis quelques années des cabinets de thérapie. Tout le monde veut lâcher prise sur quelque chose ! Vous ne liriez sans doute pas ce livre si ce n'était pas votre cas d'ailleurs ? Et l'un des points communs que nous avons, c'est que souvent, nous souhaitons lâcher prise pour mettre fin à un comportement, une habitude, une attitude, voire parfois à un trait de caractère que nous dérangent.

Pour mieux comprendre, il peut être intéressant de penser à ce qu'évoque pour nous le contraire du lâcher-prise. Je vous invite maintenant à vous poser cette question et à noter une nouvelle fois ce qui vous vient spontanément à l'esprit.

Pour moi, le contraire du lâcher-prise c'est...

....

....

....

Les deuils à faire

Lâcher prise revient donc aussi à **faire le deuil de certaines choses**, de tout ce que vous avez noté comme contraire au « lâcher-prise ». Et ce n'est pas si simple lorsqu'on y pense : nombreux sont ceux qui par exemple opposent le lâcher-prise et le « contrôle ». Lâcher prise revient alors pour ces personnes à renoncer au contrôle, c'est-à-dire à se mettre en danger, à sortir de sa zone de confort, à renoncer à une certaine sécurité.

Nous devons donc apprendre à penser et à agir différemment, et pour cela, il nous faut faire le deuil de nos « habitudes ». Imaginons une mouche enfermée dans une pièce. Elle veut en sortir, et dans ce but, elle fait appel à sa stratégie habituelle : suivre la lumière. Seulement, si toutes les fenêtres sont fermées, elle va s'épuiser à tourner en rond et à se heurter à des fenêtres. Pour surmonter cela, elle doit faire le deuil de sa stratégie habituelle et en trouver une nouvelle. Il ne s'agit pas de renoncer au résultat, mais le plus souvent de renoncer au moyen de l'atteindre, d'en trouver un nouveau.

D'une certaine façon, nous devons faire le deuil d'une partie de nous-mêmes qui s'est construite avec le temps, pour laisser place à une nouvelle facette qui ne demande qu'à s'exprimer.

Le lâcher-prise, c'est passer d'un état à un autre

En résumé, qu'est-ce que lâcher prise signifie ?

- Lâcher prise, c'est renoncer à vouloir tout contrôler
- Lâcher prise, c'est faire le deuil de nos habitudes et accepter le changement
- Lâcher prise, c'est accepter nos limites et cesser de nous battre
- Lâcher prise, c'est se faire confiance et faire confiance à la vie
- Lâcher prise, c'est laisser aller et tenir bon à la fois
- Lâcher prise, c'est se sentir enfin libre et léger
- Lâcher prise, c'est s'ouvrir à de nouveaux possibles

FAITES VOTRE BILAN

Malgré le nombre en constante augmentation d'études scientifiques s'intéressant au bonheur, depuis la naissance de la psychologie positive, il n'existe toujours pas à l'heure actuelle une technique objective permettant de mesurer précisément le bonheur d'un individu. Évidemment, il n'existe pas plus d'outil de mesure objective du lâcher-prise. Les notes que vous donnerez aux questions qui vont suivre sont totalement subjectives, nous sommes d'accord, et vous n'êtes souvent vous-même pas très sûr de vos réponses.

Pourtant, d'après les résultats de plusieurs recherches sur l'objectivité des réponses dans des questionnaires en sciences humaines, certains éléments sont intéressants à prendre en compte. Tout d'abord, l'humeur d'une personne à un moment donné influence directement sa réponse concernant l'évaluation de sa satisfaction de vie, sauf si il lui est demandé quelle est son humeur juste avant de lui soumettre le questionnaire. Autrement dit, l'une des clés permettant d'obtenir des réponses objectives et fiables est de lui demander au préalable comment elle se sent à l'instant présent.

Aussi, avant de vous proposer le moindre test d'auto-évaluation subjective de votre niveau de lâcher-prise, il me semble essentiel de vous inviter à prendre quelques secondes pour être à l'écoute de votre humeur et des émotions présentes en vous à cet instant.

Comment vous sentez-vous, là, maintenant ? Quelles émotions sont présentes en vous depuis ces dernières heures ? Prenez juste un petit moment pour noter quelques mots sur votre ressenti actuel :

....

....

....

Maintenant que vous êtes au clair avec votre humeur de l'instant, voici un premier petit questionnaire auquel je vous invite à répondre le plus sincèrement possible. Prenez le temps qu'il vous faut pour chaque question, il n'y a pas de bonne ou de mauvaise réponse. La seule réponse importante est la vôtre, la plus honnête envers vous-même.

ÊTES-VOUS PRÊT À LÂCHER PRISE ?

Avez-vous la volonté de changer ?

Sur une échelle de 0 à 10, quelle est votre volonté de changement ? Quel est votre degré de motivation à VOULOIR réussir à lâcher prise ?
(0 je ne tiens absolument pas à lâcher prise / 10 je tiens absolument à lâcher prise)

0	1	2	3	4	5	6	7	8	9	10

La force de la motivation, parfois aussi appelée la volonté, ou la puissance du VOULOIR, est une des clés primordiales de votre réussite sur le chemin du lâcher-prise !

Voulez-vous vraiment lâcher prise ? N'y a-t-il pas une petite voix au fond de vous qui vous fait hésiter à répondre 10 ? Que vous dit cette petite voix ? Que vous chuchote-t-elle de façon plus ou moins audible ? Quelles émotions s'associent à cette question ?

Auriez-vous peur d'échouer peut-être ? Si c'est le cas, il est donc préférable de se dire que cet objectif n'est pas primordial, car si je ne l'atteins pas, je limiterai ma déception ensuite face à l'échec. Un peu comme ne pas trop s'attacher à une personne pour limiter la souffrance au cas où la relation ne tiendrait pas dans la durée. Ou bien comme ne rien accrocher aux murs d'une maison en location pour limiter les travaux de réparation au moment du départ. Que se passe-t-il dans toutes ces situations ? Je ne m'investis jamais sincèrement dans une relation, et mes relations ne durent donc jamais bien longtemps. Finalement, je souffre quoiqu'il arrive... Je ne me sens pas chez moi dans cette maison, qui n'a pas d'âme et je n'ai qu'une envie c'est de déménager ! Je n'ose pas trop lâcher prise, et je n'atteins ainsi jamais cette sensation de liberté que je recherche et qui file dès que je m'en approche.

Pourtant, il est possible d'y arriver ! Et une partie de vous le sait ! Comment s'en persuader ? C'est bien là la question ! Comment puis-je être sûr(e) que je vais réussir un jour à lâcher prise ? Que je vais vraiment y arriver, et définitivement ? Est-ce vraiment possible ? Car tout commence par là ! Pour le « vouloir », encore faut-il pouvoir y « croire » !

Alors attardons-nous sur cette nouvelle question !

Êtes-vous convaincu de votre capacité à lâcher prise ?

Sur une échelle de 0 à 10, à quel point croyez-vous qu'une personne puisse vivre dans un équilibre parfait entre le lâcher-prise et le « tenir bon » dans ce qui est essentiel ?

0	1	2	3	4	5	6	7	8	9	10

Et maintenant, sur une échelle de 0 à 10, à quel point croyez-vous que VOUS parviendrez un jour à trouver un équilibre parfait entre le lâcher-prise et le « tenir bon » dans ce qui est essentiel ?

0	1	2	3	4	5	6	7	8	9	10

VOTRE EXPÉRIENCE DU LÂCHER-PRISE

Savez-vous déjà lâcher prise ?

Sur une échelle de 0 à 10, à combien évaluez-vous votre capacité à lâcher prise de façon générale dans la vie ?

0	1	2	3	4	5	6	7	8	9	10

Dans quelles situations parvenez-vous déjà à lâcher prise ?

....

....

Vous avez déjà forcément vécu plusieurs types d'expériences qui vous ont demandé un certain lâcher-prise :

- un orgasme
- un saut en parachute
- un rire aux larmes
- dire « oui » à une demande en mariage
- pleurer devant un bon film

Nous sommes tous capables de revivre cette expérience. D'ailleurs, nous sommes même en mesure de ressentir en nous physiquement ce fameux lâcher-prise ou tout au moins de nous l'imaginer. Faites-en l'expérience dès maintenant !

Votre expérience corporelle du lâcher-prise

Si je vous invite à imaginer une situation dans laquelle vous ne parvenez pas à lâcher prise, comment vous sentez-vous dans votre corps ? Quelles sensations physiques ressentez-vous ? À quel niveau ? À quelle intensité ?

....

....

....

Si je vous invite ensuite à imaginer que d'un seul coup, vous parvenez enfin à lâcher prise, réellement, totalement, et sur tout ce qui vous ferait du bien, comment vous sentez-vous dans votre corps ? Quelles sensations physiques ressentez-vous ? À quel niveau ? À quelle intensité ?

....

....

Intéressante cette expérience, n'est-ce pas ? Peut-être est-ce plus facile pour certains que pour d'autres, mais je suis sûre que vous parvenez à ressentir quoiqu'il en soit une différence dans votre corps entre ces deux situations.

POURQUOI VOULEZ-VOUS LÂCHER-PRISE ?

Il est probable qu'au moment où vous lisiez ce livre, vous ayez en tête plusieurs idées de ce que vous aimeriez « lâcher » concrètement. Peut-être avez-vous au moins une idée plus précise de ce que vous aimeriez ressentir dans votre corps, ou dans votre cœur après y être parvenu. C'est avant tout cela qui est essentiel dans votre démarche. Le lâcher-prise n'est qu'un moyen d'aboutir à quelque chose de plus profond, de plus essentiel pour vous, pour votre épanouissement personnel, pour votre bien-être, pour votre bonheur.

Quel résultat pensez-vous obtenir ?

Si vous aviez une baguette magique, sur quoi aimeriez-vous lâcher prise ? Qu'attendez-vous concrètement et idéalement comme résultat après avoir lu ce livre ?

....

....

Prenez bien le temps de répondre à cette question, car votre réponse pourra vous être utile tout au long du livre. Vous identifiez ici votre « objectif personnel de lâcher-prise » auquel nous ferons par la suite référence.

Les bénéfices du lâcher-prise

Qu'avez-vous à gagner en lâchant prise ? Imaginez que vous avez enfin réussi à lâcher prise : qu'est-ce que cela vous apporte ?

Dans votre vie de tous les jours ? À court terme, à long terme ?

....

....

Et qu'est-ce que cela apporte aux autres ? À votre entourage ? À vos collègues ? À votre famille ? À vos amis ? À vos voisins ? Aux personnes que vous croisez tous les jours ? Ou à celles que vous croisez de temps à autre ?

....

....

Qu'est-ce que cela apporte par ailleurs au monde ? À la planète ? À l'humanité plus globalement ?

....

....

Ce n'est peut-être pas facile pour vous de répondre à toutes ces questions, mais je vous invite à les laisser au moins en suspens quelque part dans votre tête.

Une fois que vous avez un peu mieux identifié l'intérêt de la démarche de lâcher-prise dans laquelle vous vous lancez, il peut aussi être intéressant de vous demander ce que vous auriez à... perdre !

Qu'avez-vous à perdre en lâchant prise ?

Qu'est-ce qui vous vient là spontanément à l'esprit ? Autrement dit, que retirez-vous actuellement comme bénéfices à ne pas lâcher prise ? Qu'appréciez-vous dans la situation actuelle que vous risqueriez de perdre si vous parveniez à atteindre votre objectif personnel de lâcher-prise ?

....

....

Là encore, cette réflexion mérite un petit temps de maturation, peut-être même une discussion avec des proches. Notez ces questions quelque part, dans un coin de votre tête ou plus concrètement sur un petit carnet de bord, un cahier positif qui vous accompagnera tout au long de ce livre.

Après vous être intéressé à vous, intéressez-vous aux autres. Nous avons autour de nous déjà tellement d'exemples de réussite, de succès, de bonheur. Il ne tient qu'à nous de porter notre attention sur ces réussites qui nous entourent pour nous en inspirer. Que ce soit dans les médias, chez des célébrités ou dans notre entourage proche, inspirons-nous aussi de ceux qui ont réussi à lâcher prise en dehors des laboratoires, dans la vie de tous les jours !

COMMENT ONT-ILS FAIT POUR LÂCHER PRISE ?

Nous connaissons toutes et tous des personnes qui nous inspirent, parfois professionnellement, parfois humainement, parfois socialement, ou même tout simplement dans un domaine qui nous passionne. Plutôt que de les envier, de les jalouser ou de nous comparer à elles, nous avons tout intérêt à nous en inspirer ! C'est l'une des bases de la psychologie positive, cette science qui étudie ce qui fonctionne, afin de pouvoir en ressortir des éléments d'inspiration et de passage à l'action pour plus de bonheur et de réussite au niveau individuel, interpersonnel, institutionnel ou sociétal.

Que diriez-vous de nous inspirer dans ce livre de quelques personnalités plus ou moins connues ou appréciées des Français, qui ont réussi en grande partie parce qu'elles sont parvenues à lâcher prise. Je vous propose de lire les histoires suivantes comme si vous en découvriez chaque élément avec un regard neuf, même si vous pouvez déjà avoir entendu parler de ces parcours de vie. Apprenez à écouter, à voir le monde avec un regard neuf, libéré de toute croyance, de toute certitude.

Et puisque nous sommes en plein cœur d'un livre sur le lâcher-prise, choisissez dès les premières lignes de vous « focaliser » sur une « intention » : trouvez par vous-même des clés pour avancer vers votre objectif personnel de lâcher-prise ! Comment ces histoires de vie peuvent-elles vous inspirer ?

LA PARABOLE DES GOÉLANDS DE ST. AUGUSTINE

Dans la jolie ville de St. Augustine, en Floride, de grandes bandes de goélands meurent de faim dans l'abondance. La pêche est toujours bonne, mais les goélands ne savent pas pêcher. Depuis des générations, ils comptent sur les pêcheurs de crevettes qui leur lancent les déchets des filets. Maintenant, les bateaux sont partis...

Les pêcheurs de crevettes avaient créé un état providence pour les goélands. Les grands oiseaux n'ont jamais pris la peine de pêcher et n'ont jamais appris à leurs petits à pêcher. Ils les conduisaient jusqu'aux filets à crevettes.

Maintenant, les goélands, ces beaux oiseaux libres qui sont un symbole de liberté, meurent de faim parce qu'ils se sont laissés prendre au leurre du secours sans effort. En contrepartie, ils ont sacrifié leur indépendance à une aumône.

Aimée Mullins, la femme aux 12 paires de jambes

Comment cette petite fille née sans tibia et amputée des deux jambes à 1 an a-t-elle pu devenir une athlète olympique et l'une des égéries de L'Oréal ?

Impliquée très jeune dans le sport, Aimée Mullins n'a jamais rencontré d'autres amputés avant ses 17 ans. Puis elle a entendu parler de ces rencontres sportives entre coureurs handicapés, et elle s'est dit qu'il fallait qu'elle se renseigne, et avant de juger, elle devait voir ce que c'était vraiment. Elle-même inspirée par un athlète amputé d'une jambe qui réussit des sauts en hauteur incroyables en courant à cloche-pied pour y parvenir (O'Brien a sauté 1 m 55 à Atlanta), Aimée remporte la course et bat même le record national ! Elle expérimente, elle y croit, et s'en donne les moyens. Après plusieurs exploits et beaucoup d'entraînement, elle rejoint l'équipe féminine paralympique américaine. Son coach lui dit un jour, alors qu'avec la chaleur, Aimée craignait de perdre sa jambe en pleine course devant 5000 personnes : « Aimée, tes jambes tombent et alors ? Tu les ramasses, tu remets le p** de truc, et tu finis cette maudite course ! »

Puis, qualifiée pour les jeux paralympiques de 1996, elle se lance un nouveau challenge en étant la seule femme double amputée à concourir pour du saut en longueur ! Et alors qu'elle venait de terminer ce fameux saut en longueur, un homme à qui il manquait les deux jambes est venu vers elle et lui a demandé : « Comment faites-vous cela ? Vous savez, nous sommes censés avoir les pieds à plat, sinon nous ne pouvons pas décoller du tremplin. ». Elle a répondu : « Hé bien, je l'ai juste fait. Personne ne m'avait dit que c'était impossible. »

UNE CLÉ POUR LÂCHER PRISE

« Ils ne savaient pas que c'était impossible alors ils l'ont fait », a écrit Mark Twain. Comme « eux », lâchons prise du mot « impossible ». Tout est possible, il suffit de trouver le bon moyen d'y parvenir ! Pour cela, sortons des chemins tout tracés, soyons créatifs, innovons et créons notre propre chemin !

Jean-Jacques Goldman

Comment ce « gentil dadais » est-il devenu une inspiration pour des générations entières de jeunes chanteurs ?

Jean-Jacques Goldman lance son premier album solo en 1981. Ce premier album plantera le décor sonore auquel Jean-Jacques restera fidèle tout au long de sa carrière, le « style Goldman » est né !

Ce premier disque d'un parcours en solo laisse déjà percer la volonté de ne pas sacrifier le fond à une forme musicale exceptionnelle. Indiscutablement, les textes révèlent un auteur à part dans le paysage de la chanson française. Goldman tourne le dos à une certaine tradition. Il ne glorifie pas la rue, la laideur, la crasse ou la violence qui nourrissaient jusque-là un certain nombre de chansons. C'est à ce moment-là aussi qu'il se fait remarquer pour son timbre de voix bien particulier. Habitué à interpréter ses textes en anglais, sa tessiture de voix très aiguë a du mal à s'accorder avec le français. Il traversera alors une période de critiques assez sévères. Côté voix, par la suite, Goldman reprendra ses premiers titres en les baissant de deux à trois tons, son style sera plus abouti, plus affiné. Et le public lui ne s'y trompe pas. « Quand la musique est bonne » ne met que quelques semaines à s'octroyer la première place des tops.

Goldman n'a pas une nature à vouloir s'imposer, réussissant au-delà de ses espérances. Quelques-unes de ses chansons plus personnelles contribuent à argumenter en faveur d'un personnage public intègre. À aucun moment il ne sera question d'évoquer sa vie privée. Goldman fait cohabiter les genres avec bonheur et originalité sans jamais se trahir. Il n'a jamais renoncé, malgré les épreuves, car il a réussi à « lâcher prise ». Il a gardé confiance suite à ses mauvaises expériences, il a rebondi suite aux critiques, il est resté discret malgré un harcèlement des médias. Tout cela a été possible pour lui, car il a su rester intègre et s'est bien entouré.

UNE CLÉ POUR LÂCHER PRISE

Développons notre autonomie ! Nous pouvons nous entourer de personnes qui nous poussent vers l'autonomie et non de gens qui nous rendent dépendants d'eux. Nous avons en nous les capacités d'agir pour notre propre survie et bien plus, pour notre propre épanouissement !

Mimi Mathy

Comment cette jeune femme d'1 mètre 32 est-elle devenue une des actrices les plus appréciées des Français ?

Dès sa naissance, ses parents se sont vite aperçus que leur fille ne serait jamais aussi grande que les autres, du moins par la taille ! Malgré cette différence, ils ont toujours voulu lui inculquer une philosophie positive de la vie et l'ont souvent laissée se débrouiller, en lui disant : « Si tu n'y arrives pas, prends une chaise ! » Elle a ainsi développé son autonomie et expérimenté que lorsque nous voulons quelque chose, quels que soient les obstacles, il ne tient qu'à nous de nous donner les moyens de l'obtenir.

Un soir, elle prend son courage à deux mains pour aborder le chanteur Michel Fugain alors que le « Big Bazar » se produit à Lyon. Le chanteur l'écoute et lui conseille de terminer ses études. Elle ne se décourage pas et continue ses études en gardant espoir ! En 1979, Michel Fugain rappelle Mimi. Aussitôt, alors qu'elle n'a que 22 ans, elle abandonne sa licence et ose partir seule à Nice pour suivre le projet. En 1982, alors qu'elle a décidé de partir directement à Paris pour percer, Mimi Mathy écrit un one-woman-show intitulé : « Elle voit des géantes partout ». Jean-Claude Martin lui propose de la mettre en scène et lui trouve un théâtre : le Point Virgule. Dans ce spectacle, Mimi va faire de sa différence physique un atout dans la représentation du personnage !

Combien d'histoires de vie parmi les personnalités les plus célèbres comme celles d'Aimée Mullins, de Jean-Jacques Goldman ou de Mimi Mathy peuvent aider des personnes comme vous et moi à trouver la force de réaliser leurs rêves en lâchant prise sur des obstacles de taille ? Leurs points communs : croire en leur rêve, tenir bon, se donner les moyens, garder toujours l'espoir, oser, passer à l'action, bien s'entourer... Mais plus proches de nous, d'autres personnes, dans notre vie, peuvent également devenir une source d'inspiration : notre famille, nos amis.

UNE CLÉ POUR LÂCHER PRISE

Pensez à une personne de votre entourage qui, selon vous, détient vraiment une belle capacité à lâcher prise, dans une situation en particulier ou de façon générale. Fermez les yeux et rappelez-vous ou imaginez comment cette personne y parvient. Que fait-elle ? Que dit-elle ? Que ressent-elle ? Comment se tient-elle ? Imaginez que vous pouvez devenir exactement comme elle et ressentez les bienfaits de cette expérience.

LA PARABOLE DE LA GRENOUILLE

Il était une fois une course de grenouilles. Le but de cette course était d'atteindre le sommet d'une haute tour. De nombreuses personnes se réunirent pour les voir et les soutenir. La course débuta.

En fait, les spectateurs croyaient qu'il était impossible pour les grenouilles d'atteindre le sommet de la tour, et tous les commentaires qu'on pouvait entendre étaient de cette nature :

« Quelle peine ! Elles n'y arriveront jamais ! »

Les grenouilles commencèrent à douter d'elles-mêmes. Les spectateurs ont poursuivi : « Quelle peine ! Elles n'y arriveront jamais ! »

Et les grenouilles, une par une, acceptèrent leur défaite, à l'exception d'une grenouille qui continua à escalader, et qui avec un énorme effort sur la fin, atteignit le sommet de la tour.

Une des grenouilles, qui avait renoncé, s'approcha de la victorieuse pour lui demander comment elle avait fait pour terminer la course. Et elle découvrit que la grenouille était sourde !

Lâcher prise, c'est donc passer d'un état à un autre, d'une habitude de penser et d'agir à une autre, et le chemin pour y parvenir n'est pas toujours facile, car nos vieilles habitudes ont la vie dure. Et des obstacles nous freinent sur ce chemin vers la liberté. Que nous en soyons conscients ou non, notre éducation et nos expériences de vie, nos croyances et nos traumatismes sèment notre chemin d'embûches. Prenons le temps dans le chapitre suivant de mettre en lumière ces obstacles, afin de trouver en nous les moyens de les surmonter et d'être enfin disponibles pour passer à l'action.

Chapitre 2

Les obstacles au lâcher-prise

PREMIER OBSTACLE : L'IMPUISSANCE ACQUISE PAR NOTRE PESSIMISME

Ouvrez la cage à votre oiseau !

Imaginez un oiseau dans une cage verrouillée qui apprend à force de voler et de se heurter aux barreaux qu'il est incapable de s'échapper. Peu importe ce qu'il fait, il ne peut pas voler librement. Puis, un beau jour, imaginez la porte de la cage qui est accidentellement laissée ouverte. Les circonstances ont changé, mais l'oiseau continue à agir comme si ce n'était pas le cas. Il pourrait maintenant voler librement, et sortir de sa cage, mais il ne le fait pas. Il agit comme s'il était encore piégé et coincé.

Le professeur Martin Seligman, avant de devenir le père fondateur de la psychologie positive (voir le chapitre 5), a longtemps étudié ce phénomène et l'a nommé « **l'impuissance apprise** » (ou **impuissance acquise** ou **résignation acquise**).

Le chercheur et ses équipes ont mis en évidence cet état psychologique qui résulte d'un apprentissage dans lequel la personne (ou l'animal) a fait l'expérience de son « absence de contrôle » (son impuissance) sur les événements survenant dans son environnement. Imaginons une personne qui, depuis son enfance, s'est toujours entendue dire par son père « c'est déjà bien, mais tu aurais pu faire mieux j'en suis sûr ! » à chaque fois qu'elle ramenait un résultat scolaire ou sportif à la maison. Elle a appris par ces répétitions que, quels que soient les efforts qu'elle fournissait, quels que soient ses résultats, ils n'étaient jamais assez bons et ne le seront jamais. Si bien qu'arrive un moment où cette personne se sent « impuissante » face à toute situation où elle est évaluée. Cet état l'amène ensuite à garder une attitude résignée ou passive, ne pouvant même plus envisager des possibilités d'action ou le moindre espoir de voir les choses changer. Il est question d'impuissance « apprise », car elle persiste même lorsqu'une action aurait pu finalement être efficace. Dans notre exemple, il est évident qu'en s'entraînant bien, la personne en question pourrait réellement obtenir de bons résultats à un examen ou à un concours sportif. Mais cela semble désormais impossible pour elle.

C'est ainsi que nous nous sentons parfois enfermés dans une cage, sans même pouvoir envisager qu'une simple action de notre part pourrait nous libérer et nous permettre enfin de « lâcher prise » !

Martin Seligman a en particulier mis en évidence un facteur décisif de l'impuissance acquise : le niveau de pessimisme de l'individu. Plus un individu est pessimiste, plus il se résigne rapidement face à la difficulté et plus il développe ce sentiment d'impuissance, qui pourrait donner la sensation qu'il lâche prise facilement, mais qui en fait l'amène à « abandonner », par peur de ne pas y arriver. Il n'avance alors plus car il se retrouve dans l'incapacité de lâcher prise sur sa peur qui l'immobilise.

L'un des principaux obstacles à notre lâcher-prise serait donc selon Martin Seligman notre impuissance acquise en conséquence de notre pessimisme.

UNE CLÉ POUR SURMONTER CET OBSTACLE : DÉVELOPPEZ VOTRE OPTIMISME !

Bonne nouvelle, d'autres recherches de l'équipe de Martin Seligman ont mis en évidence aussi qu'à l'opposé, les personnes optimistes se révélaient nettement moins sensibles à ce sentiment d'impuissance, et parvenaient ainsi à « tenir bon » face aux difficultés, n'abandonnant pas grâce à leur croyance en leur capacité de changer les choses. Et mieux encore, il est possible pour un pessimiste, grâce à une « psychothérapie positive» (l'approche de la psychothérapie s'appuyant sur les recherches de psychologie positive), d'apprendre à développer son optimisme et ainsi d'apprendre à lâcher prise de cette impuissance apprise.

DEUXIÈME OBSTACLE : LE CONDITIONNEMENT CLASSIQUE DE NOTRE ENFANCE

Selon les chercheurs en psychologie comportementale, le conditionnement classique serait l'un des principaux obstacles au lâcher-prise. Le principe du conditionnement classique est simple : nous agissons toujours en fonction de nos expériences vécues répétées. J.B. Watson, psychologue comportementaliste américain, fit entre autre une expérience sur les comportements qui relevaient de ce type de conditionnement. Son équipe de chercheurs a tenté une expérience sur un jeune enfant : « l'expérience du petit Albert ». Au début, une petite souris blanche est présentée au petit Albert, qui se réjouit de la présence de l'animal. Mais à chaque fois que cette souris lui est présentée, Watson provoque volontairement un bruit fort et désagréable qui panique le petit garçon et le fait pleurer automatiquement. À force de répétitions, Watson crée ainsi chez l'enfant une peur de la souris blanche à laquelle il a inconsciemment associé l'émotion que provoque en lui ce fameux bruit.

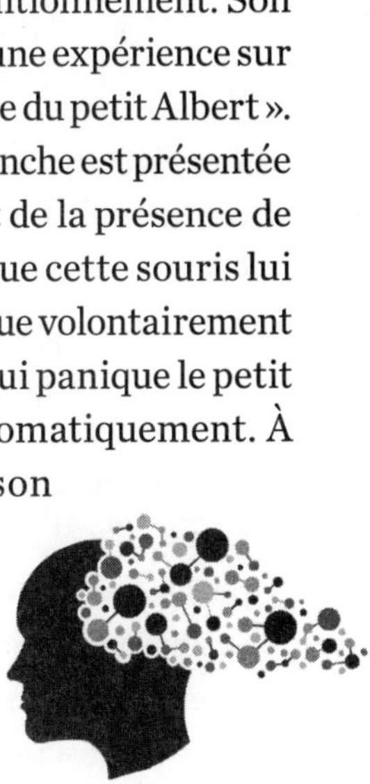

Finalement, à la simple vue de la petite souris, l'enfant se met à paniquer et à pleurer. Et très vite, cette même panique et ces pleurs se généralisent envers les lapins blancs et tous les autres animaux à poil blanc, mais aussi envers les manteaux de fourrure blanche. Il ne sera alors pas facile pour cet enfant de lâcher prise sur sa peur des lapins blancs et autres animaux à poil blanc.

UNE CLÉ POUR SURMONTER CET OBSTACLE : DÉSENSIBILISEZ-VOUS DE CERTAINS CONDITIONNEMENTS

Pour se libérer d'un conditionnement classique, il est déjà important d'en prendre conscience, de l'identifier, puis de trouver de nouveaux comportements à adopter face à une situation donnée.

Plusieurs thérapies comportementales proposent par exemple pour cela la technique de la « désensibilisation systématique en immersion ». Elle permet de faire disparaître petit à petit le comportement dont nous voulons nous libérer (pour le petit Albert par exemple, la peur et les pleurs) en nous confrontant progressivement à des situations de la moins effrayante à

→

la plus effrayante (fourrure blanche, lapin blanc, souris blanche) et en apprenant à chaque fois et à notre rythme à accueillir, canaliser et nous libérer de ce comportement qui nous gêne (les pleurs puis la peur). L'objectif est que nous puissions à nouveau nous sentir naturellement bien dans cette même situation (que l'enfant puisse à nouveau se réjouir de la présence de la petite souris).

TROISIÈME OBSTACLE : LE CONDITIONNEMENT OPÉRANT DE NOTRE PROPRE EXPÉRIENCE

Toujours selon les comportementalistes, il existe deux grands types de conditionnement : le conditionnement classique (obstacle précédent) et le conditionnement opérant. Dans le premier cas, la situation qui provoque notre gêne est liée à un événement extérieur (la présence d'une souris blanche) tandis que dans le second, il s'agit d'une action de l'individu lui-même qui provoque une récompense ou une gêne. Par exemple, si lorsqu'un animal appuie sur un levier, une boulette de nourriture lui est délivrée, il apprendra rapidement à appuyer sur celui-ci. C'est son action qui « provoque » la survenue d'une récompense. En revanche, s'il appuie sur un autre levier et qu'il reçoit une petite décharge électrique, il apprendra tout aussi rapidement à ne plus appuyer sur celui-ci. Il aura appris que son action « provoque » la survenue d'une sensation désagréable. Dans ce second conditionnement dit « opérant », ce sont les conséquences positives ou négatives d'un comportement qui, en retour, entraînent l'augmentation ou la diminution du comportement lui-même. C'est ainsi par exemple que l'enfant va plus ou moins pleurer lorsqu'il tombe en fonction de la récompense (des bisous, des câlins, des bonbons..) ou de la « sanction » (absence de réaction des adultes, réprimande du type « Arrête de pleurnicher ! », cris ou punition) qu'il obtiendra suite à sa réaction (pleurs). Mais attention, les récompenses positives ne conditionnent pas toujours de la meilleure façon. Si l'enfant reçoit un bonbon à chaque fois qu'il pleure, il va apprendre que la seule chose qui peut le réconforter c'est de manger des sucreries. Et c'est ainsi qu'un adulte se trouve dans l'incapacité de lâcher prise de ses compulsions alimentaires en cas de déception, de tristesse, de frustration, ou autre émotion désagréable.

UNE CLÉ POUR SURMONTER CET OBSTACLE : TRANSFORMEZ VOS CONDITIONNEMENTS !

Une autre technique dite de « contre-conditionnement » consiste à associer progressivement l'action de départ à quelque chose d'agréable. L'objectif est de « réapprendre » que lorsque je fais telle action, le résultat de cette action vécu avant comme une « sanction » est désormais vécu comme une « récompense » bien agréable. Dans le cas des compulsions alimentaires, il s'agira alors de confronter l'adulte à des nouvelles solutions qui l'apaisent en cas de déception ou de tristesse, pour remplacer son habitude de « manger des sucreries » (associée à des émotions désagréables de culpabilité, de manque de contrôle de soi, etc.) par une nouvelle habitude comme méditer ou faire du sport, par exemple (associée à des émotions agréables de contrôle de soi, d'estime de soi, etc.).

QUATRIÈME OBSTACLE : LES CROYANCES LIMITANTES ACQUISES DANS NOTRE ÉDUCATION

Une croyance est un processus mental par lequel une personne croit « dur comme fer » à une idée ou une opinion, qu'elle considère comme une vérité absolue et irréfutable. Selon D. Winnicott, pédiatre, psychiatre et psychanalyste anglais, le rapport de l'individu à ses croyances est déterminé avant tout par sa relation à sa mère. Selon lui, toutes ses relations aux autres et à la vie seront « conditionnées » par ces croyances développées à partir de la relation de cet individu avec sa mère dès son plus jeune âge. Par exemple, imaginons une mère qui réconforte son enfant, le protège en le prenant dans ses bras à chaque fois qu'ils montent ensemble dans un ascenseur, en répétant : « N'aie pas peur, je suis là, il ne va rien t'arriver ». En grandissant, l'adulte aura intégré non seulement que les ascenseurs peuvent être dangereux, mais qu'en plus, pour éviter le danger, il a besoin de sa mère ou au moins d'être protégé par une personne aimante et rassurante.

Par la suite, d'autres psychologues ont élargi le champ des influences de nos croyances à nos deux parents, puis aux différents éducateurs que nous croisons dans notre vie. Plus nous sommes attachés et/ou plus nous croyons en la « bonne parole » d'une personne ou d'un média, plus nous intégrons ses croyances au point de nous les approprier si elles nous sont régulièrement répétées.

Un autre phénomène vient renforcer nos croyances : le comportement de « prophétie auto-réalisatrice ». Lorsque les comportements d'une personne sont modifiés par une croyance, elle peut parfois inconsciemment agir en fonction de cette croyance et favoriser ainsi ce que prédisait cette dernière. Par exemple, lorsqu'une crise du pétrole est annoncée, les médias parlent d'une éventuelle pénurie d'essence à venir. La « bonne parole » des médias impacte directement sur notre croyance « en cas de crise de pétrole, il y a forcément pénurie d'essence ». Si plusieurs médias en parlent, cela renforce la croyance, et alors nous agissons dans son sens en allant vite faire notre plein d'essence. Conséquence : l'approvisionnement massif de la population crée une réelle pénurie d'essence. La prophétie était juste, la croyance était juste, la croyance n'en est qu'encore plus renforcée. Au niveau de l'individu, si une personne superstitieuse croit que les chats noirs portent malheur et qu'elle voit un chat noir, le signe maléfique peut tellement la déstabiliser qu'elle peut adopter un comportement à risques qui peut l'amener à vivre un réel malheur. Celui-ci viendrait se justifier par la présence du chat noir dans son esprit et ainsi renforcer encore plus sa croyance de départ.

Voici quelques exemples de croyances limitantes que l'on peut acquérir et qui peuvent devenir de réels obstacles à notre capacité à lâcher prise :

- **mon bonheur ne dépend que de mon environnement extérieur : FAUX** Des expériences ont démontré que notre bonheur ne dépendait que de 10 % de notre environnement extérieur ;
- **mon malheur est génétique, je ne pourrai jamais être heureux : FAUX** Des expériences ont démontré que notre bonheur ne dépendait que de 50% de notre héritage génétique, et qu'en plus en

développant notre optimisme, nous pouvions même transformer nos gènes ;

- **mon bonheur dépend uniquement de celui des autres (principe de codépendance) : FAUX**
Des expériences ont démontré par exemple que si le bonheur de leur femme augmente le bonheur de ces messieurs, à l'inverse, le « trop » de bonheur de leur mari diminue le bonheur de ces dames. Un couple aura donc beaucoup plus de chance de perdurer si les deux individus ont un même niveau de bonheur, ou si la femme est plus heureuse que l'homme ;
- **les belles personnes sont plus heureuses que les moins belles : FAUX**
Des expériences ont démontré qu'il n'y avait pas de lien significatif entre la beauté d'une personne et son niveau de bonheur, en revanche, un lien plus évident serait fait entre la ressemblance avec notre entourage et notre niveau de bonheur. Plus nous nous sentons intégrés, plus nous sommes heureux...

UNE CLÉ POUR SURMONTER CET OBSTACLE : LIBÉREZ-VOUS DE VOS CROYANCES LIMITANTES !

Dans le cadre de thérapies cognitives, une technique revient souvent pour se libérer d'une croyance limitante acquise : il s'agit de la déprogrammation / reprogrammation (technique aussi utilisée en PNL – Programmation Neuro Linguistique). Dans un premier temps, le patient identifie ses croyances limitantes, puis il remonte à l'origine de ces croyances pour en identifier la situation source. Ensuite, il réinterprète différemment cette situation source à l'aide de nouvelles croyances constructives, pour enfin réanalyser sa croyance limitante de départ et s'en libérer. Par exemple, une femme identifie une croyance qui la limite dans sa vie amoureuse : « tous les hommes sont des menteurs ». Elle remonte à l'origine de cette croyance à l'aide de son thérapeute et se rappelle avoir entendu sa mère lui répéter cette phrase à plusieurs reprises sans trop bien comprendre pourquoi à cette époque. Elle réinterprète cette situation de départ, par exemple en imaginant que sa

→

mère n'ayant à ce moment-là pas très confiance en elle, ne parvenait pas à faire confiance aux autres et s'imaginait souvent que ces derniers lui mentaient. Elle remettait d'ailleurs aussi souvent en question la parole de sa fille, même lorsque celle-ci se rappelle avoir été vraiment sincère. Peut-être finalement sa mère n'avait-elle pas toujours raison ? Donc peut-être certains hommes sont-ils sincères comme elle pouvait l'être ? C'est le début de la libération d'une croyance limitante.

CINQUIÈME OBSTACLE : LES ANCRAGES DE NOS TRAUMATISMES

Une personne ayant vécu un traumatisme garde en mémoire l'expérience complète y associant ce qu'elle a vu, entendu, senti, touché, perçu, etc. Lorsqu'une personne a été traumatisée, son cerveau ne semble pas traiter l'information comme il le devrait et, par la suite, tout ce qui peut faire référence à cette expérience ravive automatiquement les pires émotions de ce moment traumatisant. C'est ainsi qu'une personne peut faire une crise de panique si elle entre dans une pièce où règne une odeur proche de celle présente lors de son traumatisme. Toutes ces associations sont des ancrages qui relient une couleur, une odeur, une personne, un objet, un lieu à une émotion très forte de façon totalement irraisonnée, mais totalement incontrôlable. La personne est alors incapable de lâcher prise sur ses réactions qu'elle ne comprend pas, même si elle désire plus que tout au monde s'en libérer.

UNE CLÉ POUR SURMONTER CET OBSTACLE : LIBÉREZ-VOUS DE VOS SOUFFRANCES POST-TRAUMATIQUES !

De nos jours, les thérapies qui ont été prouvées comme étant les plus efficaces (jusqu'à 80% de taux de réussite) sur l'État de Stress Post-Traumatique (ESPT) sont les thérapies cognitivo-comportementales (TCC), et en particulier la thérapie EMDR (*eye movement desensitization and reprocessing*). Par une alternance de mouvements oculaires, cette thérapie permet de relancer un traitement

→

naturel des informations douloureuses bloquées qui n'ont pas pu avoir lieu au moment du traumatisme. Elle ne permet pas d'effacer, de changer ou de minimiser le souvenir, mais de libérer, de « lâcher prise » de la souffrance qui y était jusque-là associée de façon inappropriée. Ainsi, de nombreuses personnes ayant été victimes de l'attentat du 11 septembre ont vécu un véritable traumatisme. Ce jour-là, le choc a été si fort que l'information n'a pu être traitée efficacement pour beaucoup, et l'émotion de peur est restée tellement bloquée, que le moindre bruit de claquement de porte pouvait chez certains provoquer une réelle crise d'angoisse et les empêcher de dormir au point de devenir insomniaque. Grâce à une TCC, et en particulier à des thérapies EMDR, de nombreuses personnes ont pu se libérer de leur blocage traumatique, revivant l'événement avec de plus en plus de recul, détachant progressivement l'émotion bloquée des informations « objectives » du moment comme les bruits, les odeurs, les personnes, les couleurs, etc. L'objectif est qu'ensuite ces personnes puissent à nouveau entendre un bruit de claquement de porte et l'interpréter comme tel sans émotion particulière.

Nous sommes tous amenés à rencontrer des difficultés dans la vie, mais elles ne deviennent des problèmes que si nous n'apprenons pas à les gérer mentalement et émotionnellement.

Nous pouvons nous poser la question : est-il finalement possible pour un être humain d'évoluer, de grandir en évitant tous ces obstacles ? Ils sont immiscés dans nos vies au quotidien depuis notre naissance et nous ne pouvons y échapper. Heureusement, nous pouvons apprendre à les surmonter, voire à les éviter par la suite, et ce, à tout âge. Lâcher prise, c'est aussi accepter pour mieux changer, alors acceptons de faire face à tous nos conditionnements, toutes nos croyances, toutes nos peurs et préparons-nous à nous en libérer !

Après avoir identifié l'état initial qui est le vôtre, l'état idéal auquel vous souhaitez parvenir et les obstacles qui vous empêchent de l'atteindre, nous allons pouvoir maintenant nous intéresser aux ressources, aux moyens qui vont vous permettre de passer d'un état à l'autre. Le chapitre suivant se propose ainsi de vous initier à différentes techniques de psychologie positive reconnues et validées par la science.

Chapitre 3

La psychologie positive au service du lâcher-prise

DÉFINITION ET ORIGINE DE LA PSYCHOLOGIE POSITIVE

Pourquoi attendre d'aller mal pour aller mieux ?

Les sciences humaines s'intéressent depuis des siècles à la psychologie humaine, en particulier sous l'angle de ses troubles, de ses maladies, de ses symptômes. Les chercheurs et psychologues ont longtemps focalisé leur attention sur les raisons de ces dysfonctionnements et les solutions pour retrouver un fonctionnement dit

« normal ». Leur intention était de permettre à des personnes, des groupes, des institutions de passer d'un état de -5 à 0 sur une échelle de bien-être.

Or, depuis la fin des années 90, un nouveau courant de psychologie a vu le jour, s'intéressant désormais à ce qui fonctionne. Les chercheurs et psychologues de ce courant focalisent leur attention sur les points communs de ces bons fonctionnements et les solutions transférables pour favoriser un meilleur fonctionnement pour tous. Leur but est de permettre à des personnes, des groupes et des institutions de passer de 0 à +5 sur cette même échelle de bien-être. C'est le début de la psychologie positive.

La psychologie positive est donc par définition l'étude scientifique du fonctionnement optimal (c'est-à-dire de ce qui fonctionne dans les meilleures conditions possibles) des individus, des relations interpersonnelles (couple, amis, voisins), des groupes (famille, collègues, foule), des institutions (écoles, armées, hôpitaux), des entreprises et de la société (politique, économique, écologique, géopolitique, environnementale, citoyenneté...).

Partant du postulat que le but ultime de chaque individu est l'épanouissement personnel, la psychologie positive se définit aussi comme l'étude des conditions favorables qui influencent le bien-être subjectif, autrement dit l'étude de tout ce qui peut faciliter le bonheur de chaque personne.

C'est en 1998 que Martin Seligman, alors président de l'Association Américaine de Psychologie, invite ses collègues à s'intéresser de plus près à ses recherches autour de l'épanouissement et du bien-être subjectif. Depuis, les recherches se sont multipliées, et après s'être intéressés aux facteurs du bonheur de façon générale, puis aux facteurs de longévité ou aux facteurs de réussite, les chercheurs ont porté leur attention sur les facteurs d'adaptation aux difficultés. Comment font certaines personnes pour se remettre d'événements traumatiques ? Comment font certaines personnes pour être heureuses malgré la maladie, malgré le décès d'un proche, malgré toutes les difficultés rencontrées dans leur vie ? Comment font-elles pour lâcher prise ?

Ce chapitre sera donc entièrement consacré à tout ce qui a été prouvé scientifiquement et qui peut nous être utile pour notre démarche d'apprentissage du « lâcher-prise ».

DES TECHNIQUES POSITIVES POUR LÂCHER PRISE

Stimuler nos émotions positives

Barbara Fredrickson, psychologue et chercheuse américaine, s'est spécialisée en psychologie positive dans l'étude scientifique du bon fonctionnement de nos émotions. Selon elle, et plusieurs de ses recherches à l'appui, plus une personne est heureuse, plus elle aime être heureuse ; plus elle aime être heureuse et plus elle est heureuse. Il s'agit de ce fameux cercle vertueux !

Au cours de l'une de ses recherches, Barbara Fredrickson a proposé à des participants de visionner des films montrant des scènes de joie, de peur ou de colère. Ensuite, ces participants devaient écrire une liste de tout ce qu'ils auraient aimé faire juste après avoir vu le film. Les personnes ayant vu des films comiques avaient une liste systématiquement plus longue que celles ayant vu des films effrayants ou choquants : regarder un film joyeux stimule donc davantage l'imagination et la motivation à passer à l'action qu'un film triste.

La psychologue américaine déduit de cette expérience qu'il est donc possible d'accroître nos émotions positives en s'exerçant à en éprouver davantage. Vivre des émotions positives élargit nos possibilités, nous permet de focaliser notre attention sur un nombre plus important d'actions possibles à réaliser.

Basculer d'une émotion peu agréable vers une émotion plus agréable, ne serait-ce qu'en regardant un simple film, peut aider à lâcher prise et à passer ensuite plus facilement à l'action en favorisant l'émergence d'émotions positives.

UNE CLÉ POUR LÂCHER PRISE

La prochaine fois que nous ressentons une émotion peu agréable, que ce soit de la peur, de la tristesse, de la déception, de l'anxiété, du stress, peu importe, accordons-nous ne serait-ce que dix minutes pour aller regarder des vidéos humoristiques sur Internet. Puis faisons une liste de tout ce que nous pourrions faire dans la foulée pour nous faire plaisir !

Exprimer nos émotions positives et négatives

Sonja Lyubomirsky, professeur au département de psychologie de l'université de Californie, s'est particulièrement intéressée à l'étude des émotions. Avec ses collaborateurs, ils ont mis en évidence l'une des clés du lâcher-prise grâce à l'expérience suivante : le lâcher-prise est facilité par l'expression « écrite » des émotions négatives et par l'expression « orale » des émotions positives. En effet, durant trois jours d'affilée, quinze minutes par jour, un premier groupe devait se rappeler les trois pires expériences de sa vie et les noter par écrit, un deuxième groupe devait se contenter de parler de ses trois pires expériences, tandis qu'un troisième groupe contrôle ne devait rien faire de particulier durant ces trois jours. Une batterie de tests sur leur satisfaction de vie et sur leur état de santé physique leur a été proposée, avant l'expérience puis quatre semaines plus tard.

Résultat : au départ, aucune différence significative entre les trois groupes, mais quatre semaines plus tard, la satisfaction de vie et la santé physique des sujets ayant écrit sont significativement supérieures à celles des autres groupes, et dans le groupe n'ayant pas écrit, mais juste évoqué à l'oral ses pires expériences, la satisfaction et la santé se sont même dégradées.

Conclusion : pour lâcher prise sur ses expériences négatives, mieux vaut les poser par écrit plutôt que les ressasser à l'oral ou dans sa tête.

En revanche, si l'on fait la même expérience, mais en demandant aux sujets d'évoquer les trois plus belles expériences de leur vie, le résultat est totalement inversé : les sujets ayant écrit voient leur satisfaction et leur santé se dégrader, tandis que ceux ayant évoqué à l'oral leurs expériences les ont vues significativement augmenter par rapport aux deux autres groupes.

UNE CLÉ POUR LÂCHER PRISE

Écrivons nos pires expériences (pour nous libérer de l'emprise des émotions négatives) et partageons de vive voix régulièrement nos plus belles expériences (pour augmenter l'impact émotionnel positif).

Patienter agréablement avec « l'adaptation hédonique »

Face à un événement agréable, l'adaptation hédonique est ce qui fait que le plaisir et le bonheur auxquels nous nous attendons ne vont pas perdurer longtemps et que nous revenons presque inexorablement à notre niveau de bonheur de départ. Par exemple, les gagnants du loto retrouvent leur niveau de bonheur précédant leur gain, en moyenne en à peine 18 mois. De la même façon, face à un événement désagréable, malgré ce dernier et les émotions négatives ressenties, nous nous mettons à éprouver à nouveau rapidement des émotions positives et nous revenons à notre niveau de bonheur nominal. Par exemple, une personne victime d'un accident qui la rend tétraplégique retrouve elle aussi son niveau de bonheur d'avant son accident en moyenne en à peine 18 mois.

UNE CLÉ POUR LÂCHER PRISE

Quels que soient les événements que nous vivons, sans faire de démarche spécifique, nous parviendrons naturellement à lâcher prise en moyenne en 18 mois. Ceci dit, durant ces 18 mois, nous prendrons nettement plus de plaisir si nous avons vécu un événement agréable plutôt qu'un événement désagréable, alors multiplions nos occasions de vivre de belles expériences, cela nous aidera à mieux vivre l'attente de l'adaptation suite aux événements moins agréables !

Développer son optimisme

Martin Seligman a longuement étudié les points communs aux personnes les plus heureuses, et l'un deux ressort de façon significative : leur optimisme. Le chercheur s'est ensuite intéressé de plus près aux facteurs de l'optimisme et a retenu les résultats suivants : un optimiste a une tendance naturelle à rendre permanents les moments positifs (permanence du positif) et à se dire que les moments négatifs ne vont pas durer (non-permanence du négatif). Les émotions positives ressenties dans l'un des domaines de sa vie contaminent les autres domaines (généralisation du positif), mais l'inverse n'est pas vrai (non-généralisation du négatif). Enfin, un optimiste a conscience de sa participation à ses propres réussites (intériorisation du positif), ainsi qu'à ses propres difficultés, mais sous forme de responsabilité et non de culpabilité.

UNE CLÉ POUR LÂCHER PRISE

Pour lâcher prise, ayons confiance en l'avenir : le meilleur reste à venir. Nous avons en nous la capacité d'y contribuer. Amorçons déjà une action positive dans l'un des domaines de notre vie, un bonheur en attirant un autre, nous augmenterons petit à petit par contamination notre bonheur dans tous les domaines de notre vie !

Multiplier ses expériences de flow

Le psychologue hongrois Mihály Csíkszentmihályi a effectué de nombreuses recherches sur ce qu'il nomme le *flow*, autrement appelé « le flux », ou encore « l'expérience optimale ». Il s'agit de cet état dans lequel nous sommes au moment où nous vivons intensément l'instant présent, dans une dimension où le temps semble s'être arrêté et où nous avons cette sensation de contrôler notre vie, d'être au meilleur de nos possibilités. Le chercheur en psychologie positive a établi que les personnes les plus heureuses vivaient significativement plus de moments de flow dans leur vie que les autres.

Il a aussi prouvé que plusieurs facteurs facilitaient l'entrée en état de flow, que nous pourrions comparer à un état de « lâcher prise » optimal. L'un de ces facteurs est le suivant : il s'agit de se lancer dans des actions qui trouvent un juste équilibre entre le degré de challenge, de défi qu'elles proposent, et le niveau de compétences, de capacité utile à sa réalisation. Par exemple, si le défi est trop élevé, même si nous avons de bonnes compétences, nous risquons d'être frustrés. À l'inverse, si nous possédons de bonnes compétences, mais que le défi est trop faible, nous risquons de nous ennuyer !

UNE CLÉ POUR LÂCHER PRISE

Lâchons prise de cette peur de passer à l'action en nous lançant régulièrement des défis à la hauteur de nos possibilités. Mais lâchons prise aussi du perfectionnisme qui nous incite à viser parfois trop haut, pour revenir juste au petit niveau au-dessus de nos compétences, et ainsi être stimulés sans être pour autant dans la peur ou la frustration. Puis développons nos compétences pour augmenter petit à petit le défi avant de nous ennuyer !

Identifier et utiliser ses « forces de caractère »

En 1999, la psychologie positive a commencé à étudier les forces de caractère, dans l'objectif au départ de concevoir une classification de traits positifs de l'être humain.

Martin Seligman et Christopher Peterson ont ensuite petit à petit posé un cadre de référence de ces forces, proposant en 2004 une classification de 24 forces de caractères ou qualités individuelles d'une personne qui la rendent moralement admirable.

Dans le cadre du projet VEA (Valeurs en Actions), les 24 forces de caractère communément valorisées ont été regroupées en 6 vertus pour former la classification VEA actuelle. Un test a été publié en ligne (proposé gratuitement sur www.viame.org), permettant à chacun d'évaluer les forces de caractère les plus présentes naturellement en lui. Une fois que nous avons identifié nos forces de caractère, d'autres expériences ont démontré que nous avions significativement plus de chances de vivre des moments de flow en mettant nos principales forces au service de nos principales actions. Par exemple, si la créativité est l'une de nos principales forces, utilisons notre imagination pour toujours trouver une nouvelle façon d'aborder notre quotidien (proposons à nos enfants de se déguiser pour faire le ménage en famille) ou notre activité professionnelle (proposons à notre patron d'organiser une fois par mois une réunion pour échanger simplement sur tout ce qui fonctionne dans l'entreprise actuellement). Dans ces moments-là, notre mental se met en pause, nos capacités sont démultipliées, nos préoccupations quotidiennes disparaissent, bref, nous vivons de véritables moments de sérénité, nous nourrissons l'estime de nous-mêmes et progressons sur le chemin de notre épanouissement personnel.

UNE CLÉ POUR LÂCHER PRISE

Identifions nos principales forces de caractère et utilisons-les au service de tous les projets qui comptent le plus pour nous. Par exemple, si l'une de nos forces principales est l'amour de l'apprentissage, nous pouvons participer régulièrement à des cours de bricolage pour mieux entretenir notre maison, à des cours d'anglais pour mieux préparer nos vacances à Londres, ou à des cours d'informatique pour être plus efficace professionnellement, ou même pour le simple plaisir d'apprendre !

Développer sa capacité d'adaptation grâce au **coping**

Le *coping* est un processus permettant de faire face aux difficultés et au stress provoqués par le manque de lâcher-prise, mais à un instant précis : celui de l'événement en lui-même. Comment accueillir sur le moment un événement qui pourrait se révéler traumatisant ? Comment réagir face à l'épreuve, la difficulté, le stress, la mort, la violence, etc. ?

Plusieurs études ont mis en avant les facteurs facilitant un *coping* adaptatif efficace : travailler à résoudre le problème, travailler fort pour réussir, se centrer sur le positif, se détendre, se divertir, faire de l'activité physique. Il s'agit alors d'un style de *coping* productif : les stratégies visent à résoudre un problème tout en demeurant optimiste, en forme, détendu et en relation avec les autres. D'autres facteurs peuvent rendre le *coping* efficace : rechercher du soutien social, rechercher de l'aide professionnelle, investir dans ses amis, entreprendre des actions sociales, rechercher de l'aide spirituelle. Il s'agit là d'un style de *coping* « référence aux autres » qui inclut des stratégies qui consistent à se tourner vers les autres pour obtenir de l'aide.

Un *coping* adaptatif efficace est alors associé à la résolution durable du problème, à un état émotionnel positif et à un sentiment d'efficacité personnelle qui facilitent par la suite le processus de résilience.

UNE CLÉ POUR LÂCHER PRISE

Face à la difficulté, prenons quelques instants pour respirer, aller marcher, faire un peu d'activité physique, ou dormir, nous reposer, puis revenons en quête de solutions, sans hésiter à demander de l'aide, ou au contraire en nous investissant dès que possible dans des actions qui nous donneront un sentiment d'utilité et conféreront du sens à ce que nous venons tout juste de vivre.

Se relever après une épreuve grâce à « la résilience »

De façon générale, la résilience est la capacité d'une personne à s'adapter à un environnement changeant, à se relever suite à une épreuve de la vie. En psychologie, il est question de résilience pour évoquer cette capacité qu'ont certaines personnes à réagir de façon constructive après un traumatisme ou plus généralement face aux différentes difficultés de la vie, à parvenir à « lâcher prise » de ces épreuves inévitables. Introduite en France par Boris Cyrulnik, la notion de résilience a ensuite été l'objet de nombreuses études qui ont permis de mettre en avant quelques facteurs favorisant la résilience : confiance en soi, estime de soi, avoir des buts et des objectifs dans sa vie, être capable de se projeter dans l'avenir, maîtrise des émotions, sentiment d'avoir une place dans la société, aptitude à rechercher des solutions, des ressources, du soutien, à prendre du recul face au stress, créativité, sens de l'humour, altruisme, etc.

La présence de personnes aidantes comme des enseignants, des soignants, des membres de la famille étendue ou de milieux de soutien qui favorisent l'autonomie, la responsabilité et le contrôle (milieu judiciaire, éducatif, professionnel) facilitent aussi la résilience.

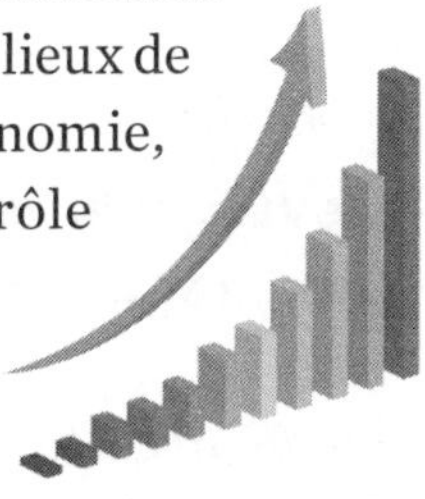

Tous ces facteurs permettent à la personne de mobiliser les ressources personnelles et environnementales adéquates pour une adaptation réussie à toute situation. Cela la conduit à accueillir les événements les plus difficiles (deuil, maladie, rupture, licenciement, accident, agression), en prenant du recul, en acceptant les conséquences, en y trouvant même une forme de sens, ou d'apprentissage pour l'avenir.

UNE CLÉ POUR LÂCHER PRISE

Prenons du recul face aux traumatismes que nous avons déjà vécus, acceptons que ces expériences fassent partie de notre vie, mais servons-nous-en comme d'un tremplin pour rebondir et aller de l'avant vers une vie plus épanouie.

Développer sa pleine conscience par la mindfulness

La *mindfulness*, ou pleine conscience, est un concept initié par John Kabat-Zinn, neurologue américain, qui décrit le processus de porter toute son attention sur l'expérience directe, personnelle et qui se déploie dans le moment présent, sans jugement. Plusieurs recherches ont permis de détailler les composantes de la pleine conscience, à commencer par l'acceptation de ce qui est, la présence de l'instant présent sans a priori, avec curiosité, confiance en soi, en ses capacités, le non-jugement sur soi, sur l'autre, sur ce qui se passe, la patience et le calme intérieur, le lâcher-prise, loin des logiques de contrôle et de perfectionnisme, la non-action, ou le choix de ne pas agir avant d'avoir bien observé la situation.

La méditation est l'une des applications de la pleine conscience, mais la pleine conscience peut aussi se pratiquer en journée, à table, dans ses relations, ou à tout moment. Les scientifiques ont longuement étudié les méditants et les résultats sont toujours sans appel : les personnes méditant régulièrement parviennent beaucoup mieux à lâcher prise face à une situation déstabilisante inattendue. Des programmes ont été élaborés, comme celui de la réduction du stress par la Pleine Conscience MBSR (*Mindfulness Based Stress Reduction*), qui consiste à apprendre progressivement la pratique de la pleine conscience pour mieux gérer son stress au quotidien, ou plus globalement apprendre à gérer ses émotions. Et des scientifiques ont pu prouver l'efficacité d'un tel programme pour la diminution du stress en particulier, mais aussi de douleurs, ou de symptômes médicaux et psychologiques.

UNE CLÉ POUR LÂCHER PRISE

Commençons par prendre cinq minutes chaque jour pour agir en pleine conscience, que ce soit lors d'un repas, lors d'une activité, ou bien durant une petite séance de méditation. Puis chaque semaine augmentons de 5 minutes ce temps de pleine conscience quotidien, jusqu'à parvenir à vivre le maximum de temps chaque jour en pleine conscience !

Renforcer sa générosité et son altruisme

Des expériences ont mis en évidence l'attitude altruiste et l'empathie ressentie par les enfants dès leur plus jeune âge. Un bébé voyant un adulte

un adulte les bras chargés, ne parvenant pas à ouvrir une porte, se rapprochera spontanément de la porte pour tenter de l'ouvrir. Mais petit à petit, dans le monde des adultes, l'altruisme laisse souvent place à l'individualisme, bien que nous gardions toujours en nous cet altruisme naturel. Des études ont montré que les personnes les plus heureuses avaient entre autres points communs d'être engagées dans des actions altruistes.

Une autre expérience a démontré qu'une personne à qui l'on demande d'effectuer une action altruiste différente par semaine durant dix semaines, voit son niveau de bonheur significativement augmenter par rapport à celui d'un groupe contrôle.

Enfin, une dernière expérience a révélé que si l'on provoque une humeur positive chez une personne, cela augmente naturellement et automatiquement son altruisme. L'altruisme augmente le bonheur, le bonheur augmente l'altruisme, et le lâcher-prise va de pair avec ce binôme gagnant-gagnant !

UNE CLÉ POUR LÂCHER PRISE

Veillons à préserver notre altruisme, notre envie de contribuer à un monde meilleur, d'aider les autres, sans attente en retour, et engageons-nous par exemple à effectuer déjà au moins une action de générosité par semaine.

Ressentir et exprimer sa gratitude

Auteur et chercheur en psychologie positive, le Dr Robert Emmons a constaté que les personnes qui considèrent la vie comme un don et acquièrent consciemment une « attitude de gratitude » connaissent de multiples avantages et parviennent ainsi mieux à accueillir les difficultés rencontrées sur leur chemin, donc à lâcher prise au quotidien.

La gratitude améliore la santé physique et émotionnelle, et peut renforcer les relations et les communautés. Certaines stratégies comprennent la tenue d'un journal de gratitude, les prières de gratitude ou les visites de gratitude. Voici les résultats qui ont été observés :

- **plus d'optimisme :** Dans une comparaison expérimentale, ceux qui ont tenu un journal de gratitude sur une base hebdomadaire ont rapporté moins de symptômes physiques, se sentent mieux dans leur vie dans son ensemble, et sont plus optimistes au sujet de la semaine suivante par rapport à ceux qui ont noté chaque semaine leurs tracas ou des événements neutres de la vie ;
- **meilleures réalisations des objectifs personnels :** Un autre avantage a été observé dans le domaine de la réalisation d'objectifs personnels : les participants qui ont tenu un journal de gratitude sont plus susceptibles de faire des progrès vers leurs objectifs personnels importants (professionnels, relations interpersonnelles ou axés sur la santé) sur une période de deux mois par rapport aux sujets de l'autre condition expérimentale ;
- **meilleur sommeil :** Dans un échantillon d'adultes ayant une maladie neuromusculaire, une pratique du journal de gratitude durant 21 jours a donné lieu à de plus grandes quantités de hautes énergies, d'humeurs positives, à un plus grand sentiment d'être relié aux autres, à une meilleure qualité de sommeil, par rapport à un groupe de contrôle ;

- **moins de stress et de dépression :** Les personnes reconnaissantes signalent des niveaux plus élevés d'émotions positives, de satisfaction de la vie, de vitalité, d'optimisme et des niveaux inférieurs de dépression et de stress ;
- **plus de comportements prosociaux (au service des autres) :** Les personnes ayant une forte propension pour la gratitude ont la capacité d'être plus empathiques et de prendre davantage le point de vue des autres en compte. Elles se révèlent plus généreuses et plus utiles pour les gens au sein de leurs réseaux sociaux ;
- **moins de matérialisme :** Les personnes ayant développé la gratitude accordent moins d'importance aux biens matériels. Elles sont moins susceptibles de juger les succès en termes de possessions accumulées. Elles sont moins envieuses des personnes riches et sont plus susceptibles de partager leurs biens avec les autres.

UNE CLÉ POUR LÂCHER PRISE

Prenons quelques instants chaque soir pour noter dans un carnet de gratitude au moins trois moments de la journée envers lesquels nous sommes reconnaissants.

Trouver du sens pour continuer à avancer : l'eudémonisme

Dans la quête du bonheur, les chercheurs en psychologie positive, dans la lignée des plus grands philosophes, ont dans un premier temps distingué l'hédonisme (quête de plaisir dans l'instant présent) de l'eudémonisme (quête de sens dans sa vie). Sur ce deuxième aspect du bonheur, Karen L. de Vogler et Peter Ebersole, un couple de chercheurs en psychologie de l'université de Californie, ont effectué des recherches sur ce qui donne du sens à nos vies. Ce qui ressort de façon significative comme donnant le plus de sens à nos vies, ce sont nos relations interpersonnelles. Les personnes qui jouissent de relations sociales positives trouvent leur vie plus satisfaisante, sont moins sujettes à la dépression et à d'autres troubles psychologiques et surmontent mieux les coups du sort tels que le deuil, le chômage et la maladie. Ces personnes lâchent donc plus facilement prise sur la souffrance suite à ces épreuves de la vie en y trouvant une sorte de « bénéfice secondaire », ou de « message ».

Une forme de psychothérapie appelée la logothérapie se centre justement sur le sens que l'on donne à sa vie, à ses actes, à ses valeurs, à ses convictions et à ses expériences de vie. Viktor Frankl en est à l'origine et les résultats de ce type de thérapie sont probants : les personnes prennent du recul face aux épreuves de la vie, et augmentent leur satisfaction personnelle de façon significative !

UNE CLÉ POUR LÂCHER PRISE

Menons nos vies en fonction du sens que nous voulons leur donner, réfléchissons à ce que nous pensons pouvoir apporter au monde, et agissons dans ce sens. Par ailleurs, trouvons du sens à tout ce qui nous arrive, aux meilleurs comme aux pires moments de nos vies.

S'apaiser grâce à la bienveillance

Quand nous sommes dans la bienveillance, les zones de réconfort cérébral s'activent, nous nous sentons alors comme apaisés de toutes les difficultés externes, comme si le lâcher-prise devenait naturel et facile. Une forme de méditation, nommée « méditation de la bonté » *(kindfulness)* stimule en particulier notre système neuronal et augmente notre aptitude à l'altruisme, à la coopération et ainsi au lâcher-prise. Jacques Lecomte, spécialiste en psychologie positive, dans sa méta-analyse de la bonté humaine, a conclu ainsi : « notre cerveau prend plaisir à la collaboration, pas à la compétition. » Aussi, l'une des clés du lâcher-prise est déjà de « lâcher » cette tendance à vouloir toujours être en compétition avec les autres, à se comparer aux autres.

Accueillir avec bienveillance les différences, c'est par exemple se dire que ce n'est pas parce que l'on est différents que l'un est meilleur que l'autre. Si je ne suis pas très doué au tennis, en revanche j'ai un talent pour le dessin, et je peux accueillir avec bienveillance mes caractéristiques personnelles, et grâce à la collaboration, je peux considérer des obstacles (une partie de tennis) comme un tremplin pour avancer (apprendre de l'autre, progresser, prendre du plaisir avec de nouvelles personnes).

UNE CLÉ POUR LÂCHER PRISE

Développons notre esprit de collaboration, de coopération en toute circonstance, développons notre bienveillance, notre désir du bonheur de chacun, notre empathie et notre amour de soi, de l'autre, des groupes, des institutions, des sociétés et du monde.

Toutes les expériences que nous venons d'évoquer permettent de trouver des clés pour progresser en s'intéressant de plus près aux stratégies efficaces des personnes, des groupes ou des institutions ayant elles-mêmes déjà réussi à avancer. Une fois que vous les aurez expérimentées et intégrées dans votre vie quotidienne, que vous aurez commencé à cheminer sur la route du lâcher-prise et atteint un certain équilibre, vous pourrez mettre en place d'autres stratégies pour maintenir et consolider ce nouvel équilibre, si fragile au début.

Chapitre 4

Maintenir l'équilibre grâce au lâcher-prise

DES PILIERS DE VIE ÉQUILIBRÉS

Dans la continuité de ce petit guide du lâcher-prise, il m'a semblé important de vous amener à prendre conscience que ce chemin sera malgré tout encore semé d'embûches, régulièrement, mais que c'est justement sur ce chemin que vous allez pouvoir grandir, vous épanouir et même prendre du plaisir ! Pour cela, une attention permanente sera nécessaire, une attention à la fois toute simple, et en même temps si vite négligée : une attention à soi, à ses émotions, à ses besoins.

Pour les différents acteurs de la psychologie positive, l'un des postulats est, vous l'aurez compris à ce stade, que la priorité n'est pas de « guérir », mais bien d'améliorer la vie de chacun. Pour cela, de nombreux psychologues et thérapeutes appliquent des méthodes de coaching de vie, pour en particulier aider chaque personne à (re)trouver un équilibre afin de mieux s'épanouir.

C'est dans cette dynamique que j'ai développé il y a une dizaine d'année la « Méthode des Piliers de vie », que j'ai longuement détaillée dans mon précédent livre *Le secret du bonheur permanent – nouvelle méthode de psychologie positive appliquée*. Le principe de cette méthode est que si notre objectif est de nous épanouir, nous pourrions comparer notre épanouissement à une feuille blanche. Cette feuille blanche reposant sur nos différents piliers de vie, pour maintenir un équilibre dans notre épanouissement, il est nécessaire de maintenir un équilibre émotionnel dans chacun de nos piliers de vie.

Imaginez maintenant un verre à moitié rempli d'eau assombrie. Il représente votre situation au début de ce livre. Parfois, il est utile de vider un peu d'eau sombre, pour laisser de la place dans le verre afin d'y ajouter un peu d'eau colorée. Les différentes thérapies citées depuis le début de ce livre vous aident à vider cette eau sombre pour ensuite pouvoir remplir votre verre d'eau colorée, afin de redonner de la couleur à votre vie. Le lâcher-prise revient à vider cette eau sombre, le coaching positif permet ensuite de remplir le verre d'eau colorée pour ne pas le laisser vide.

En vous appuyant sur la Méthode des piliers de vie, vous allez pouvoir non seulement identifier les domaines de votre vie dans lesquels il resterait peut-être un peu d'eau sombre à vider, mais aussi et surtout veiller régulièrement à redonner de la couleur à votre vie et ce, sur le long terme !

Vie familiale

Dans votre famille, que ce soit celle dont vous êtes issu ou celle que vous avez créée, que ce soient vos oncles et tantes, cousins cousines, neveux, nièces, grands-parents ou petits-enfants, belle-famille, famille de cœur... sur quels points aimeriez-vous lâcher prise dans votre vie familiale actuellement ?

› *Que pourriez-vous mettre en place pour y parvenir comme premier petit pas dans les 7 jours à venir ?*

....

....

Vie amoureuse

Que vous soyez une personne en couple, mariée, célibataire, divorcée, veuve, en phase de séduction ou autre, que vous soyez dans l'une des plus belles périodes de votre vie amoureuse, dans une routine, dans un passage un peu délicat ou autre… sur quels points aimeriez-vous lâcher prise dans votre vie amoureuse actuellement ?

› *Que pourriez-vous mettre en place pour y parvenir comme premier petit pas dans les 7 jours à venir ?*

....

....

Vie sociale

Que ce soit avec vos amis proches, avec des connaissances, avec vos voisins, par rapport à votre attitude en groupe, face à une personne inconnue ou autre... sur quels points aimeriez-vous lâcher prise dans votre vie sociale actuellement ?

› *Que pourriez-vous mettre en place pour y parvenir comme premier petit pas dans les 7 jours à venir ?*

....

....

Vie professionnelle

Que ce soit dans vos activités professionnelles actuelles, par rapport à votre parcours de formation, ou votre expérience professionnelle, que ce soit en lien avec vos projets, vos ambitions, vos relations, vos conditions de travail, votre rémunération, votre environnement de travail ou autre... sur quels points aimeriez-vous lâcher prise dans votre vie professionnelle actuellement ?

› *Que pourriez-vous mettre en place pour y parvenir comme premier petit pas dans les 7 jours à venir ?*

....

....

Plaisirs personnels

Que ce soit par rapport à vos activités de loisirs, vos moments de détente, le temps que vous vous accordez pour vous-même, la qualité de ces moments, leur durée, leur fréquence... sur quels points aimeriez-vous lâcher prise dans votre vie de plaisirs personnels actuellement ?

› *Que pourriez-vous mettre en place pour y parvenir comme premier petit pas dans les 7 jours à venir ?*

....

....

Hygiène de vie

Que ce soit par rapport à votre sommeil, à votre alimentation, votre santé, vos relations avec vos médecins, votre activité physique, votre goût pour la cigarette, votre prise en compte de votre hygiène au quotidien, de votre corps ou autre... sur quels points aimeriez-vous lâcher prise du point de vue de votre hygiène de vie actuellement ?

› *Que pourriez-vous mettre en place pour y parvenir comme premier petit pas dans les 7 jours à venir ?*

....

....

Gestion du quotidien

Que ce soit par rapport à votre gestion du temps, de vos priorités, de vos papiers administratifs, de vos tâches ménagères, courses, rangement, ménage, repassage, cuisine, l'ordre, la propreté, l'organisation ou autre… sur quels points aimeriez-vous lâcher prise dans votre gestion du quotidien actuellement ?

› *Que pourriez-vous mettre en place pour y parvenir comme premier petit pas dans les 7 jours à venir ?*

....

....

Épanouissement personnel

Que ce soit par rapport à votre confiance en vous, à votre estime de vous-même, votre image, vos activités de développement personnel, votre gestion des émotions ou autre... sur quels points aimeriez-vous lâcher prise dans votre épanouissement personnel actuellement ?

❯ *Que pourriez-vous mettre en place pour y parvenir comme premier petit pas dans les 7 jours à venir ?*

....

....

Actions pour le monde

Que ce soit en lien avec vos actions citoyennes, écologiques, bénévoles, volontaires, vos actes de générosité, leur fréquence, leur qualité, leur nature, que ce soit par rapport à des dons, du tri sélectif ou toute action ou émotion liée à l'altruisme... sur quels points aimeriez-vous lâcher prise dans vos actions pour le monde actuellement ?

› *Que pourriez-vous mettre en place pour y parvenir comme premier petit pas dans les 7 jours à venir ?*

....

....

Maintenir l'équilibre dans la durée

À vous de trouver le rythme pour revenir sur cette méthode régulièrement, sous forme de rituels par exemple à instaurer dans votre nouvelle vie, à faire seul, en couple, avec un ami, un frère, un collègue ou toute autre personne de confiance :

- **Bilan des piliers de vie mensuel :** chaque mois, faire le bilan du mois précédent pour chaque pilier et poser ses objectifs pour le mois à venir
- **Bilan des piliers de vie annuel :** chaque année, faire le bilan de l'année écoulée pour chaque pilier et poser ses objectifs pour l'année à venir
- **Bilan des piliers de vie dans les moments de fragilité :** lorsque vous en ressentez le besoin, faites le bilan de vos piliers de vie actuels et posez vos objectifs à court, moyen et long terme

Pour chaque pilier de vie, vous pouvez suivre les 7 étapes du lâcher-prise proposées ci-dessous, qui vous expliquent étape par étape le fonctionnement de la démarche de lâcher-prise.

LES 7 ÉTAPES DU LÂCHER-PRISE

Après avoir longuement étudié ce processus du lâcher-prise, au travers des résultats des recherches en psychologie positive, de l'analyse des écrits de plusieurs auteurs spécialisés sur le sujet, mais aussi au travers de mon expérience de terrain, tant professionnelle, dans le cadre de mes suivis thérapeutiques en cabinet, que personnelle dans ma propre vie ou celle de mes proches, nous pouvons selon moi identifier 7 étapes essentielles. Je vous en propose ici une petite synthèse sous forme d'une méthode en 7 étapes d'apprentissage du lâcher-prise.

Pour vous aider à bien comprendre ce processus, voici une petite métaphore : imaginez que votre difficulté est représentée par un boulet que vous traînez à votre pied, tel un esclave (esclave de votre contrôle, de votre perfectionnisme, de votre besoin de réussir, de votre peur, etc.). Et suivez les étapes une à une en démarrant avec votre boulet très lourd accroché à votre pied.

1. Identification

J'observe et identifie « le boulet » (lâcher-prise sur la pression du déni, sur « faire comme si cela n'existait pas »).

Exemple : *Une humiliation en classe lorsque j'étais élève a provoqué en moi une colère contre tous les enseignants.*

Prenez le temps de bien identifier ce que vous aimeriez vraiment « lâcher ». De quelle émotion ou sensation aimeriez-vous vous libérer ? Quelle est son intensité ? Comment s'exprime-t-elle en vous ? Quand ? Où ? En présence de qui ? Dans quels contextes ? Soyez sincère avec vous-même, et décrivez en détail ce « boulet » dont vous aimeriez vous débarrasser.

2. Acceptation / accueil avec bienveillance

J'accepte ce boulet sans chercher à tout comprendre (lâcher-prise sur le mental, le pourquoi, la faute à qui).

Exemple : *J'accepte cette colère en moi, j'apprends à observer ce qu'elle provoque en moi.*

Peu importe les raisons de la présence de ce boulet, il est là, acceptez-le. C'est un concours de circonstances, une succession d'événements ; des centaines de facteurs y ont contribué, mais c'est ainsi, vous en êtes là aujourd'hui. Soyez bienveillant envers vous-même, envers toutes les personnes concernées, chacun a fait de son mieux. Et acceptez tout simplement que la situation soit ainsi aujourd'hui, comme une information, neutre, comme si vous l'observiez à distance dans la vie d'une autre personne ou dans un film au cinéma.

3. Coping / *faire avec dans l'instant présent*

Je fais de mon mieux avec le boulet, je peux le tenir dans mes mains (faire de son mieux / lâcher prise sur la perfection).

Exemple : *Je fais de mon mieux pour continuer à apprendre même avec cette colère, en me concentrant sur ce que j'apprends plus que sur la personne qui me transmet la connaissance.*

Comment pouvez-vous faire de votre mieux pour profiter de chaque jour, de chaque heure, même avec ce boulet ? Comment pouvez-vous passer une bonne journée, en sachant que ce boulet est bien présent, mais en faisant comme s'il devenait alors plus léger et moins encombrant ? Comment une personne soudainement handicapée peut-elle faire pour finalement profiter de ses journées ? Que peut faire une personne qui vient de perdre un proche pour tout de même aller de l'avant dans les jours qui suivent ? Comment pouvez-vous profiter de votre vie, en tenant votre boulet dans vos bras pour continuer à avancer ?

4. *Résilience / porter un regard plus positif*

Je vois les choses différemment sous un meilleur angle : le boulet est plus léger, il peut se soulever comme un ballon gonflé à l'hélium (lâcher-prise sur ses croyances limitantes).

Exemple : *Je réalise que cette colère m'a permis de développer mon autonomie, ma capacité à apprendre par moi-même.*

En continuant à avancer et à prendre du temps pour vous, vous pouvez aussi commencer à vous demander avec du recul en quoi cette situation pourrait finalement vous être utile. Quel sens pourrait avoir cette expérience, ce boulet qui pourrait se transformer doucement en un ballon de baudruche, de plus en plus léger ? Quelles opportunités se sont offertes à vous depuis ? Quelles relations se sont révélées positivement ? Quelles forces avez-vous révélé ? Si vous appreniez que rien n'arrive par hasard et que tout cela avait un objectif, et en particulier un bel objectif bon pour vous, pour vos proches et pour le monde, quel pourrait-il être ?

5. *Pardon / faire le deuil*

Je me libère de toute forme d'émotions désagréables et je lâche le ballon ! (lâcher-prise sur ses émotions)

Exemple : *Je pardonne à cet enseignant qui m'a fait ressentir ce sentiment d'humiliation, j'imagine qu'il ne l'a pas fait exprès, ou en tout cas qu'il n'a pas su faire autrement.*

Vous avez bien clarifié la situation, vous l'avez acceptée avec bienveillance, avez trouvé comment faire au mieux avec, et même trouvé peut-être un début de sens à tout cela. Et si vous pardonniez à la vie ce qu'elle vous a imposé au travers de cette épreuve jusque-là ? Et si vous lâchiez ce ballon pour qu'il s'envole dans les airs ? Et si vous pardonniez à toutes les personnes qui pourraient y être liées ? Et si vous vous pardonniez à vous-même ? Pourquoi ne pas commencer par écrire une lettre de pardon, en vous adressant à chaque personne concernée, à vous-même et à la vie en général ?

6. Croissance post-traumatique

Je sors grandi de cette expérience et peux saisir des ballons colorés ! (lâcher-prise sur soi-même)

Exemple : *Désormais, je me sens enthousiaste à l'idée d'apprendre encore et encore, par moi-même ou avec l'aide d'enseignants qui feront de leur mieux pour m'y aider.*

Une fois libéré de ce boulet, de ce ballon, de cette pression, que peut-il se passer de meilleur dans votre vie qui n'aurait pas été possible sans cette épreuve ? En quoi en ressortez-vous grandi ? Quelles évolutions positives constatez-vous en vous ? Dans votre corps, dans vos pensées, dans vos émotions, dans vos croyances ?

7. Gratitude / bonheur

Je ressens de la gratitude, je m'épanouis enfin et je peux sauter en l'air avec mes ballons colorés à la main ! (lâcher-prise sur la vie et l'instant présent)

Exemple : *Je me remercie d'avoir su trouver la force de continuer à apprendre, je remercie la vie* *de toutes les belles choses que j'ai pu apprendre et pour toutes celles que je vais encore pouvoir apprendre.*

Suite à tout cela, commencez à ressentir une forme de gratitude pour vous-même, pour la vie en général de vous avoir permis de réaliser toutes vos belles forces, vos belles perspectives. Et maintenant, que pouvez-vous vous autoriser à vivre de beau que vous n'auriez pas pu jusque-là ? Que pourriez-vous faire pour profiter pleinement de la vie, comme si chaque jour était une fête foraine pleine de ballons colorés ? Que pourriez-vous faire aujourd'hui pour vous faire plaisir, pour votre propre bonheur ?

Pour conclure, engagez-vous envers vous-même à réaliser une première petite action pour votre propre plaisir, juste pour vous-même ! Et si vous en ressentez le besoin, il est possible de suivre ces 7 étapes en partageant l'expérience avec une autre personne qui aurait elle-même quelque chose à lâcher ; à plusieurs, tout devient plus facile !

Maintenant que nous avons mis en lumière les enjeux et les implications du lâcher-prise ainsi que les étapes pour y parvenir, nous allons pouvoir nous concentrer sur votre **objectif personnel de lâcher-prise**. Dans la partie suivante, nous allons découvrir de multiples stratégies concrètes adaptées aux différentes formes de lâcher-prise : mental, émotionnel, corporel, matériel, comportemental, face au monde extérieur ou même face à l'avenir, à appliquer au quotidien. Quelques tests vous aideront au préalable à clarifier la nature de vos besoins.

2

L'ART DU LÂCHER-PRISE AU QUOTIDIEN

Chapitre 1

Prendre du recul face à sa voix intérieure : le lâcher-prise mental

Qui n'a jamais eu envie de mettre son cerveau sur « pause » à certains moments ? Nous sommes souvent accompagnés par une petite voix intérieure, parfois agréable, parfois beaucoup moins. Et ce flux mental nous demande beaucoup d'énergie, qui nous freine dans nos élans positifs. À quel niveau sommes-nous perturbés par ce mental hyperactif ? Et comment peut-on s'en libérer ?

TEST DE LÂCHER-PRISE MENTAL

Comptez 1 point à chaque phrase qui vous décrit bien.

Je suis facilement capable de... ?

- ❒ *m'endormir le soir dès que je me couche dans mon lit*
- ❒ *profiter de l'instant présent sans penser aux difficultés actuelles de ma vie*
- ❒ *faire une sieste n'importe où, quel que soit le bruit autour de moi*
- ❒ *entrer en état de relaxation, de méditation, d'hypnose*
- ❒ *profiter de l'instant présent sans penser au passé ou à l'avenir*
- ❒ *rester concentré sur une seule tâche à la fois*
- ❒ *faire une sieste à n'importe quel moment de la journée*
- ❒ *mettre en pause mes pensées quand cela est nécessaire*
- ❒ *m'isoler dans ma bulle même avec du monde ou du bruit autour de moi*
- ❒ *profiter de mes vacances à 100% sans penser au boulot ou autres préoccupations*

Combien obtenez-vous sur un total de 10 ?

....

› ***Si votre total est compris entre 0 et 3 :*** *Ah, si vous trouviez le bouton « stop » ou le mode d'emploi pour pouvoir vous accorder une pause au sein même de votre esprit, ce serait pour vous comme un coup de baguette magique. Ruminations, pensées parasites, autant de perturbateurs dont vous aimeriez vous libérer. Rassurez-vous, c'est tout à fait possible, et ce chapitre va vous y aider !*

› ***Si votre total est compris entre 4 et 7 :*** *Votre cerveau est souvent en pleine action, et heureusement, vous parvenez de temps à autre à récupérer grâce à des moments de calme que vous réussissez à vous accorder régulièrement. Cependant, vous seriez ravi de parvenir à lâcher encore plus facilement prise sur vos pensées, pour pouvoir profiter pleinement de chaque instant.*

› ***Si votre total est compris entre 8 et 10 :*** *Bravo ! Quel que soit votre flot de pensées, il vous est facile de les mettre en pause ou de les stopper net lorsque cela est nécessaire. Vous savez pleinement profiter de l'instant présent et devez vivre régulièrement de belles émotions sans retenue ! Quel bel équilibre, continuez à vous offrir ces instants de ressourcement aussi souvent que vous en ressentez le besoin, car c'est ainsi que vous pourrez maintenir votre équilibre dans le temps !*

SE LIBÉRER DES PENSÉES PARASITES

Parfois, nous aimerions pouvoir tout simplement profiter de l'instant présent, être là, ici et maintenant, et apprécier, sans être perturbé par des pensées incessantes. Avant de s'endormir le soir, au moment d'une pause, d'un massage, d'un instant de détente, ces pensées peuvent parfois nous envahir l'esprit, empêchant le sommeil, le repos ou le relâchement de s'installer. Nous voulons souvent rester bien concentrés, mais des pensées surviennent en permanence, nous déconnectant de notre centre d'attention, que ce soit en cours, au travail ou durant une activité de loisirs qui nécessite de la concentration. Il peut même nous arriver de penser à tout autre chose dans des moments plus incongrus, comme lors d'une discussion avec un ami, devant un film ou un spectacle, sous la douche, aux toilettes ou... lors d'une relation sexuelle !

Mais est-ce vraiment possible de mettre ses pensées sur pause ? Je pense que oui, et tout le monde en est capable !

UNE CLÉ POUR SE LIBÉRER DE SES PENSÉES PARASITES

Objectif : Se libérer de ses propres pensées en vidant son esprit !

Pour se libérer de ses pensées parasites, il est essentiel de les identifier, des les prendre en compte et de les accepter. Une fois reconnues, elles perdent de leur intensité et de leur emprise sur nous.

› **Étape 1 :** Listez les différents moments durant lesquels vous ne parvenez pas à lâcher prise sur vos pensées. Identifiez le prochain moment où la situation risque de se reproduire.

Exemple : *Ce soir, avant de dormir, j'aimerais me vider la tête pour m'endormir paisiblement.*

› **Étape 2 :** Quelques minutes avant ce moment, prenez un cahier et un stylo et arrêtez-vous quelques instants pour noter tout ce que vous devrez vous rappeler après votre moment de lâcher-prise. Ajoutez tout ce que vous ressentez, de bon, de moins bon, notez toutes vos pensées de l'instant en vrac, peu importe.

Exemple : *Demain, il faut que je pense à prendre rendez-vous chez le dentiste, aujourd'hui je suis content car ma mère est venue me voir,*

→

mais par contre elle m'a un peu blessé quand elle m'a dit que j'aurais pu choisir une autre coiffure, etc.

› **Étape 3** : Concluez en ajoutant que vous vous libérez de ces pensées à cet instant précis pour les récupérer après votre moment de lâcher-prise.

***Exemple** : « Je laisse toutes mes pensées ici et je viendrai les récupérer demain matin dès mon réveil. »*

SE LIBÉRER DES CROYANCES LIMITANTES

« Votre comportement est le reflet de ce que vous croyez profondément. »

Hiyrum W. Smith

Nous sommes très souvent envahis de pensées issues de nos croyances. Certaines peuvent être bien utiles, les croyances positives ou constructives, mais d'autres le sont beaucoup moins : ce sont **les croyances limitantes**. Une croyance est une idée que nous avons ancrée en nous à une époque de notre vie, souvent durant notre enfance, et qui influence ensuite toutes nos pensées, nos décisions et nos comportements. Il s'agit d'une vérité que chacun pense détenir, consciemment ou non. Par exemple, imaginez qu'enfant, nous ayons entendu régulièrement nos parents répéter « Je n'ai pas que ça à faire, tu sais, le temps c'est de l'argent ». Lorsque nous sommes devenus adultes, nous avons intégré cette croyance comme une vérité absolue, et si nous voulons gagner de l'argent, nous devons forcément y passer beaucoup de temps ! Et si en plus nous avons entendu tout aussi régulièrement que « les riches sont tous arrogants », il est probable que non seulement nous passions beaucoup de temps au travail, mais qu'en plus nous ne parvenions pas pour autant à gagner autant d'argent que nous le souhaiterions.

Nous pouvons avoir de grandes difficultés à lâcher prise sur nos croyances limitantes apprises. Nous n'en avons d'ailleurs souvent même pas conscience ; ces croyances nous influencent sans même que nous nous en rendions compte. C'est pourquoi la première étape est déjà de les identifier pour mieux nous en libérer. Ensuite, il nous reste à remplacer chacune de ces croyances par une croyance positive plus puissante, et c'est là que nous pouvons lâcher prise et enfin avancer !

UNE CLÉ POUR SE LIBÉRER DE SES CROYANCES LIMITANTES

Objectif : Se sentir libéré de ses propres croyances limitantes en élargissant les possibles !

Pour se libérer de ses croyances limitantes, il est essentiel là encore de les identifier, de les prendre en compte et de les accepter. Nous pouvons alors envisager d'autres possibles, et ensuite décider de porter notre attention sur ceux qui nous sont les plus agréables.

❯ **Étape 1 :** Pensez à un objectif que vous avez en tête. Puis commencez votre phrase par : « Je veux atteindre cet objectif mais... ». Vous identifiez alors certainement une ou plusieurs croyances limitantes à la fin de votre phrase.

Exemple : *Je veux rencontrer l'amour, mais je n'attire que des hommes mauvais pour moi.*

→

> **Étape 2 :** Pour chacune d'elles, trouvez une croyance constructive au moins aussi puissante. Ne niez pas la croyance limitante, mais complétez-la par une croyance positive encore plus forte. Concrètement, commencez votre phrase par « Même si jusqu'à présent, j'avais cette croyance limitante, j'ai aussi cette croyance constructive ».
>
> ***Exemple :*** *Je veux rencontrer l'amour, et même si jusqu'à présent j'ai attiré quelques hommes mauvais pour moi, je sais aussi qu'il existe d'autres hommes sur terre qui sont bons pour moi.*

TEST DE LÂCHER-PRISE SUR SOI-MÊME

Nous savons tous, au fond, que la clé de notre bonheur est en nous, mais nous nous sentons parfois impuissants face à nous-mêmes ! Accepter ses limites, ses imperfections, ses échecs, ses erreurs, ce n'est pas si simple. Pour cela, une étape essentielle est déjà d'apprendre à se connaître et à s'accepter tel que l'on est ! Commençons donc par identifier justement nos forces et nos limites avec ce premier test de lâcher-prise sur soi-même.

Comptez 1 point à chaque phrase qui vous décrit bien.

❒ *Je connais bien et j'accepte mes limites*
❒ *J'accepte de ne pas pouvoir sauver le monde*
❒ *J'accueille ma fatigue avec bienveillance*
❒ *J'accepte quand je n'atteins pas un objectif prévu*
❒ *J'accueille mes émotions sans chercher à les « contrôler »*
❒ *Je me sens bien même si je ne contrôle pas toutes les situations*
❒ *J'accepte mes imperfections*
❒ *Je parviens à me regarder avec bienveillance dans le miroir*
❒ *Je sais m'arrêter quand il est temps*
❒ *Je sais dire que je suis quelqu'un de bien*

Combien obtenez-vous sur un total de 10 ?

....

❯ ***Si votre total est compris entre 0 et 3 :*** *Pas si facile a priori de vous accepter tel que vous êtes et d'admettre que vous êtes une belle personne. Vous avez tout à gagner* *à faire davantage connaissance avec vous-même, avec une approche bienveillante, pour découvrir ce que vous avez de meilleur en vous, tout en acceptant vos imperfections et vos limites qui font de vous un être humain libre et imparfait comme les autres.*

› ***Si votre total est compris entre 4 et 7 :*** *Il est probable que vous ayez déjà une bonne connaissance de vous-même. Cependant, tout en vous ne correspond pas forcément à la personne idéale que vous aimeriez être. Vous savez sans doute au fond que vous êtes quelqu'un de bien, mais une petite partie de vous aimerait être encore mieux, n'est-ce pas ?*

› ***Si votre total est compris entre 8 et 10 :*** *Bravo ! Vous avez appris à vous connaître et à vous accepter tel que vous êtes, voire à vous aimer ainsi. Vous connaissez vos forces et vos capacités, mais aussi vos limites et vos imperfections. Une partie de vous trouve peut-être même un certain charme à ces imperfections et à l'équilibre que vous en dégagez. Continuez à croire en vous et à prendre soin de vous !*

SE LIBÉRER DE L'AUTO-SABOTAGE

Parfois, nous souhaitons de tout cœur atteindre un objectif, réaliser une action, franchir une étape, mais nous avons l'impression qu'une partie de nous-mêmes fait tout pour que nous n'y parvenions pas. Inconsciemment, nous faisons tout pour nous mettre des bâtons dans les roues : nous sommes victimes de « l'auto-sabotage ». Ce qui est délicat, c'est que nous avons parfois l'impression de tout faire pour réussir, d'y mettre du temps, du cœur à l'ouvrage, et d'un seul coup, il se passe quelque chose en nous qui vient tout faire basculer. Cet auto-sabotage inconscient est souvent rattaché à un risque dont seulement une partie de nous a conscience, à une peur, qui peut être liée soit à la réussite en elle-même soit aux conséquences de cette réussite. Mais sur le moment, nous n'avons pas du tout conscience de ces obstacles. Alors nous sommes dans l'incompréhension : pourquoi, alors que je veux vraiment y arriver et que je fais tout pour, parviens-je aussi facilement à chaque fois à tout gâcher ?

UNE CLÉ POUR SE LIBÉRER DE L'AUTO-SABOTAGE

Objectif : se libérer de l'auto-sabotage en portant notre attention sur ce qui nous motive suffisamment pour pouvoir « surmonter » nos peurs grâce à un nouvel élan de motivation.

› **Étape 1 :** Pensez à une situation dans laquelle vous avez l'impression régulièrement de vous auto-saboter, de vous empêcher vous-même de réussir, alors que vous avez sincèrement envie d'y arriver.

Exemple : *À chaque fois que je dois parler en public, en réunion, à un oral, un entretien d'embauche, je m'auto-sabote en oubliant tout sur le moment et en bafouillant.*

› **Étape 2 :** Pensez maintenant à tous les risques que vous prenez si vous réussissez. Qu'avez-vous à perdre si vous parvenez finalement à atteindre votre objectif ? Quels sont autrement dit les bénéfices secondaires de votre auto-sabotage ?

Exemple : *Si je réussis mon entretien d'embauche, je risque d'être embauché et de perdre ma liberté dans laquelle je trouve tout de même un confort depuis que je suis demandeur d'emploi.*

→

Si je réussis à parler clairement en réunion, je risque d'être sollicité à chaque fois pour animer les prochaines réunions.

› **Étape 3 :** Maintenant, reprenez la situation de départ et pensez à tous les avantages que vous auriez à réussir. Que gagneriez-vous si vous parveniez à atteindre votre objectif ? Quels seraient les bénéfices pour vous-même ? Pour vos proches ? Pour d'autres ? Pour le monde ?

Exemple : *Si je réussis mon entretien d'embauche, je pourrai enfin avoir un poste stable qui me convient bien.*

Si je réussis à parler clairement en réunion, je pourrai transmettre plus efficacement mes idées et peut-être contribuer à l'amélioration du fonctionnement de notre entreprise ou à l'avancée d'un projet qui me tient à cœur.

SE LIBÉRER DE SES COMPLEXES

Que nous envions ces personnes qui semblent si bien dans leur peau qu'un rien leur va, qu'elles dégagent une telle assurance ! Mais finalement, n'ont-elles pas elles aussi certains complexes ? Chacun de nous peut ressentir une forme de gêne vis-à-vis d'une partie de son corps : le ventre, les cuisses, le nez, les oreilles, la taille, la couleur de peau, de cheveux, etc. Nous serions tellement plus heureux si nous perdions du poids, si nous n'avions plus d'acné, si nous avions les dents bien alignées, si nous ne louchions pas, etc. Ces complexes évoluent dans le temps, mais à certains moments, ils peuvent vraiment nous donner l'impression de nous gâcher la vie, nous ne pensons plus qu'à cela, et nous cherchons par tous les moyens possibles à « cacher » ce qui souvent nous fait honte. Nous pouvons y mettre beaucoup d'énergie, voire beaucoup d'argent. Nous achetons des vêtements, du maquillage, des traitements, des couleurs, des soins, etc. Mais le moins facile pour nous dans ces moments-là, est d'accepter notre corps tel qu'il est dans un premier temps et d'apprécier ce que nous avons déjà de bien.

UNE CLÉ POUR SE LIBÉRER DES COMPLEXES

Objectif : se libérer de ses complexes en focalisant notre attention librement sur ce qui nous plaît chez nous. Et au lieu de mettre toute notre

→

énergie à cacher nos complexes, il ne nous reste plus qu'à mettre en valeur ce qui nous plaît !

› **Étape 1 :** Prenez quelques instants pour lister 10 parties de votre corps que vous appréciez. Puis retenez les 3 parties que vous aimez le plus.
› **Étape 2 :** Pour chacune de ces trois parties de vous-même que vous appréciez, trouvez un moyen de la mettre en valeur.

***Exemple** : J'aime mes mains : Je peux faire régulièrement une manucure.*

J'aime mes yeux : Je peux chaque matin, prendre quelques minutes pour me maquiller les yeux.

J'aime mes pectoraux : Je peux intégrer chaque matin un rituel de musculation de mes pectoraux.

SE LIBÉRER DU BESOIN DE RÉUSSIR, DE GAGNER

« Je n'ai pas échoué. J'ai simplement trouvé 10 000 solutions qui ne fonctionnent pas. »

Thomas A. Edison

Dès notre plus jeune âge, nous avons appris la notion de compétition et nous avons développé l'envie de gagner pour la plupart d'entre nous, et ce, dans de nombreuses cultures sociétales et familiales. De ce fait, devenus adulte, nous gardons en nous ce besoin de devoir toujours réussir, de devoir gagner. Nous connaissons alors automatiquement de grandes déceptions face à l'échec. L'échec nous fait peur, nous déçoit, nous fait honte, détruit notre estime de nous-mêmes. Et pourtant... Certaines personnes parviennent à se réjouir du plaisir de jouer, peu importe le résultat, d'autres prennent un grand plaisir à collaborer, à créer, à aider les autres à progresser, et même à voir le plaisir dans le regard de ceux qui gagnent. La victoire n'est pas pour elles une finalité, c'est l'une des conséquences possibles. Mais ces personnes ont appris à trouver du plaisir dans l'action et dans chacune de ses conséquences : leur victoire ou celle d'une autre personne. L'échec n'existe plus. Au pire, elles apprennent en observant ce qui a amené l'autre à gagner. Chaque situation est source d'apprentissage.

UNE CLÉ POUR SE LIBÉRER DU BESOIN DE TOUJOURS GAGNER

Objectif : se libérer du besoin de gagner en se focalisant sur les bénéfices de la situation.

› **Étape 1 :** Repensez à une situation que vous avez ressentie comme un échec. Où était-ce ? Avec qui ? Quand ? Quel était l'enjeu ? Que s'est-il passé ?

› **Étape 2 :** Si vous regardez maintenant cette situation avec du recul, comme si vous étiez une autre personne extérieure et très positive, quels apprentissages pensez-vous avoir tiré de cette situation ? En quoi cette situation vous a-t-elle finalement été très utile ?

› **Étape 3 :** Si d'autres personnes étaient en jeu à ce moment-là, à qui cette situation a-t-elle pu faire plaisir ? Faire du bien ? Connectez-vous à votre bienveillance, votre humanisme et laissez naître en vous une forme de satisfaction d'avoir contribué à faire du bien à ces personnes. Vous pouvez même finalement remercier la vie de vous avoir permis de vivre cette situation.

Chapitre 2

Se libérer des émotions négatives : le lâcher-prise émotionnel

Même la personne la plus heureuse au monde ressent parfois des émotions que l'on qualifie de « négatives », mais finalement, le sont-elles vraiment ? La peur, la colère, la tristesse peuvent avoir leur utilité et nous aurions des difficultés à survivre sans elles. En revanche, ce que nous pouvons « lâcher », c'est l'emprise de ces émotions. Voyons justement où vous en êtes sur ce point. Et découvrons comment accueillir en toute sérénité et en toute liberté ces émotions pas toujours agréables.

TEST DE LÂCHER-PRISE SUR SES ÉMOTIONS

Répondez à chaque question par une réponse sur l'échelle de 1 à 5 qui la suit :

Vous arrive-t-il de ressentir de la colère ?

Tous les jours					Jamais
0	1	2	3	4	5

Lorsque cela vous arrive, au bout de combien de temps parvenez-vous à vous sentir mieux ?

Jamais totalement					Quelques minutes
0	1	2	3	4	5

Vous arrive-t-il de ressentir de la déception ?

Tous les jours					Jamais
0	1	2	3	4	5

Lorsque cela vous arrive, au bout de combien de temps parvenez-vous à vous sentir mieux ?

Jamais totalement					Quelques minutes
0	1	2	3	4	5

Vous arrive-t-il de ressentir de la culpabilité ?

Tous les jours — Jamais

0	1	2	3	4	5

Lorsque cela vous arrive, au bout de combien de temps parvenez-vous à vous sentir mieux ?

Jamais totalement — Quelques minutes

0	1	2	3	4	5

Vous arrive-t-il de ressentir du stress ?

Tous les jours — Jamais

0	1	2	3	4	5

Lorsque cela vous arrive, au bout de combien de temps parvenez-vous à vous sentir mieux ?

Jamais totalement — Quelques minutes

0	1	2	3	4	5

Vous arrive-t-il de ressentir de la peur ?

Tous les jours — Jamais

0	1	2	3	4	5

Lorsque cela vous arrive, au bout de combien de temps parvenez-vous à vous sentir mieux ?

Jamais totalement — Quelques minutes

0	1	2	3	4	5

Combien obtenez-vous sur un total de 50 ?

....

› ***Si votre total est compris entre 0 et 10 :*** *Il est certain que ce livre vous fera le plus grand bien ! Aucune journée n'est simple à gérer émotionnellement pour vous, et vous ne parvenez pas facilement à lâcher prise sur ces émotions peu agréables qui vous traversent à la moindre occasion. Rassurez-vous, en à peine quelques exercices, votre vie va changer et vous semblera plus légère !*

› ***Si votre total est compris entre 11 et 25 :*** *Il peut vous arriver de vous laisser submerger par ces fameuses émotions si peu agréables que sont la peur, la tristesse, la jalousie, la déception ou la colère, l'une étant probablement plus présente que les autres. Il est déjà très utile d'identifier cela, pour mieux apprendre à canaliser ces émotions et à vous en libérer ensuite plus rapidement.*

› ***Si votre total est compris entre 26 et 40 :*** *Il est normal pour vous de ressentir parfois quelques émotions peu agréables, mais vous avez en vous une capacité à ne pas vous laisser submerger par celles-ci. Il suffit de quelques heures ou quelques jours pour vous en libérer et en cela, vous êtes déjà assez à l'aise dans l'art du lâcher-prise de façon générale.*

› ***Si votre total est compris entre 41 et 50 :*** *Bravo ! Vous êtes un maître dans l'art du lâcher-prise sur les émotions ! Même face à des situations qui en déstabiliseraient plus d'un, vous accueillez avec bienveillance vos émotions les moins agréables et les transformez immédiatement en forces pour avancer.*

SE LIBÉRER DE SES ANCRAGES NÉGATIFS

À l'instar d'une croyance limitante, un ancrage négatif se forme à un moment de notre vie, mais au lieu de se situer à un niveau intellectuel (une pensée), il se situe au niveau affectif (une émotion). Lorsque nous vivons une expérience, quelle qu'elle soit, nous gardons en mémoire à la fois les souvenirs factuels, mais aussi les souvenirs émotionnels. Nous associons alors inconsciemment des éléments factuels avec les émotions ressenties qui y correspondent.

Les exemples de la madeleine de Proust ou du réflexe de Pavlov montrent que si, quand nous sommes enfants, à chaque fois que nous ramenons une note moyenne de l'école, nos parents nous accueillent par des reproches, déçus de leur enfant qui n'est pas à la hauteur de leurs attentes, nous ancrons en nous cette déception et ce sentiment de ne pas être à la hauteur. Plus tard, à chaque fois que nous obtiendrons un résultat moyen, nous nous sentirons automatiquement déçus et pas à la hauteur. Nous ne parviendrons alors pas à lâcher prise sur nos émotions, même si une partie de nous pense que notre résultat est peut-être déjà très bien, et même si tout le monde dans notre entourage nous répète sans cesse que nous pouvons déjà être contents car nous avons fait de notre mieux.

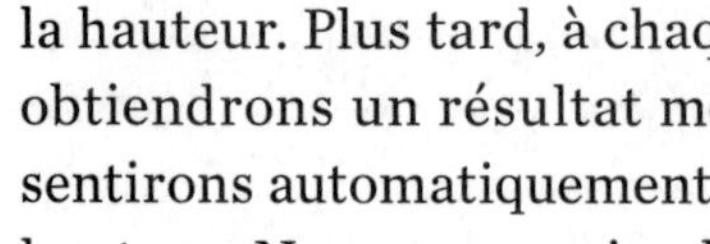

Pour pouvoir se libérer d'un ancrage négatif (comme d'une croyance limitante), il est essentiel dans un premier temps de l'identifier, d'en prendre conscience. Cela peut même parfois suffire pour s'en libérer.

UNE CLÉ POUR SE LIBÉRER DE SES ANCRAGES NÉGATIFS

Objectif : se sentir libre de ses influences émotionnelles en relâchant les émotions négatives et en renforçant les émotions positives.

› **Étape 1 :** Pensez à un objectif que vous avez en tête. Puis commencez votre phrase par : « Je veux atteindre cet objectif mais... ». Cette fois-ci, concentrez-vous sur les émotions qui viennent compléter cette phrase. Listez les différentes émotions négatives qui en ressortent.

Exemple : *« Je veux changer d'emploi, mais... j'ai peur ! »*

› **Étape 2 :** Pour chacune d'elles, trouvez une émotion positive plus puissante. Ne niez pas l'émotion négative, mais venez la compléter par une émotion positive encore plus forte : celle que vous ressentirez quand vous aurez atteint

→

votre objectif ! Concrètement, commencez votre phrase par « Même si jusqu'à présent, j'éprouvais cette émotion négative, je ressens aussi déjà en moi l'émotion positive que je ressentirai quand j'aurai atteint mon objectif ! »

***Exemple** : Je veux changer d'emploi, et même si jusqu'à présent j'avais peur, je suis déjà enthousiaste à l'idée de trouver un nouvel emploi dans lequel je pourrai m'épanouir ! »*

SE LIBÉRER DE LA RANCUNE / LA COLÈRE

« Le pardon ne fait pas oublier le passé, mais élargit le futur. »

Paul Boese

Lorsque nous sommes déçus, blessés, voire traumatisés, il peut nous arriver de ressentir une véritable colère, contre nous-mêmes, contre d'autres personnes ou contre quelque chose de plus grand comme Dieu ou même la vie. Nous sommes souvent perçus et décrits comme une personne rancunière, qui ne pardonne rien à personne, ni à elle ni aux autres. Pas le droit à l'erreur ! Nous sommes donc évidemment très exigeants, et lorsque la vie ne répond pas à nos attentes, cela peut nous faire rentrer dans une profonde colère, que nous saurons ou non exprimer d'ailleurs. Nous pouvons donc soit devenir très agressifs, blessants, taquins ou mesquins, ou bien au contraire nous pouvons nous renfermer sur nous-mêmes et garder tout en nous. Dans un cas comme dans l'autre, ce n'est agréable ni pour nous ni pour notre entourage. C'est pourquoi arrive toujours un moment où la coupe est pleine et où nous finissons par craquer, le lâcher-prise s'imposant de lui-même à ce moment-là ! Les cris, les larmes, les gestes violents peuvent exploser d'un seul coup. Ou bien nous pouvons intérioriser, et par exemple prendre beaucoup de poids si nous avons plutôt tendance à garder tout en nous !

Aussi vaut-il mieux apprendre à lâcher prise sur sa colère dès que nous en percevons l'apparition. Inutile de la laisser prendre de l'ampleur. Pour cela, de nombreuses techniques font appel à ce que les thérapeutes appellent « une dissociation » entre nous et cette colère. Nous ne sommes pas la colère, nous ressentons une forme de colère, mais nous pouvons nous en séparer. Le lâcher-prise peut alors être encore plus efficace si nous ajoutons une autre technique que les thérapeutes nomment « la personnification » de la colère : il s'agit de s'imaginer notre colère comme un personnage et de communiquer avec elle comme pour se réconcilier avec (acceptation de la colère) ou se séparer d'elle (disparition de la colère).

UNE CLÉ POUR SE LIBÉRER DE SA COLÈRE

Objectif : se libérer de sa colère en développant son imagination ; nous pouvons ainsi matérialiser une émotion pour mieux nous en libérer, au travers d'un personnage ou pourquoi pas d'un objet que l'on peut jeter à la mer.

› **Étape 1** : Imaginez donc un personnage qui est en vous et qui est le maître de votre colère. Quelles sont les situations qui réveillent ce personnage ? Dans quelles conditions, quels contextes vient-il éveiller en vous une forme de colère ? Et que fait-il, que vous dit-il dans ces moments-là ?

→

› **Étape 2 :** Visualisez plus nettement ce personnage, mais cette fois-ci devant vous, à une distance qui vous convient, et laissez se dessiner son apparence, le plus précisément possible, sa taille, son visage, ses gestes, ses couleurs, son aspect, etc. Vous pouvez même le dessiner sur une feuille, voire lui donner un petit surnom. Quel serait le surnom de votre personnage créateur de colère ?

› **Étape 3 :** Enfin, imaginez l'attitude idéale que vous aimeriez que ce personnage ait la prochaine fois que vous serez confronté à une situation qui l'amène habituellement à faire naître cette colère en vous. Imaginez : où serait-il ? Dans quelle position ? Quelle serait sa nouvelle apparence ? Que dirait-il alors finalement qui vous permettrait de réagir plus sereinement ? Et quel nouveau surnom pourriez-vous lui donner ? Vous pouvez le dessiner sous sa nouvelle apparence plus agréable (acceptation de la colère) ou alors déchirer ou brûler symboliquement la feuille (disparition de la colère) !

La prochaine fois qu'une situation pourrait réveiller le personnage de l'étape 2, pensez à ce nouveau personnage !

SE LIBÉRER DE LA CULPABILITÉ

Nous croyons que nous sommes coupables lorsque nous avons pris des engagements que nous n'avons pas tenus, ou lorsque nous avons blessé quelqu'un, par exemple. Nous avons appris à être responsables de nos actes, fidèles à nos engagements et à respecter autrui. Aussi la culpabilité naît-elle lorsque nous ne nous sentons pas à la hauteur de nos engagements ou de nos valeurs humanistes. Nous considérons alors que nous ne sommes plus une bonne personne.

Cette culpabilité peut « peser sur nos épaules », au point de faire naître des symptômes physiques au niveau du cou, des épaules, du haut du dos. Certaines personnes parviennent à différencier la responsabilité de la culpabilité. La première est plus intellectuelle, je sais que j'ai ma part de responsabilité, et je l'accepte, je réfléchis à comment améliorer la situation. Tandis que la deuxième est plus émotionnelle : je me sens particulièrement mal, cela peut me ronger de l'intérieur et m'empêcher de dormir ou m'amener à me faire du mal pour me punir.

La différence entre les deux est l'acceptation de l'imperfection, une forme de « pardon » envers soi-même. Je me pardonne de ne pas avoir été à la hauteur, j'accepte mes imperfections, car je fais de mon mieux avec les moyens que j'ai et ensuite je fais de mon mieux pour améliorer la situation.

UNE CLÉ POUR SE LIBÉRER DE LA CULPABILITÉ

Objectif : se libérer de la culpabilité par le pardon envers soi-même. Par cette démarche, nous libérons une forme de colère que l'on retenait envers nous-mêmes, qui se libère en acceptant son propre pardon, libérant par la même occasion toute forme de culpabilité, ces émotions étant très liées.

› **Étape 1 :** Concentrez-vous sur le sentiment de culpabilité et listez les différentes situations dans lesquelles vous vous sentez ne serait-ce qu'un peu coupable.
› **Étape 2 :** Prenez une feuille et un stylo ou bien un ordinateur, et installez-vous au calme →

pour écrire une lettre. Cette lettre, vous allez vous l'adresser à vous-même. Comme si vous parliez vraiment à une autre personne, une personne que vous aimez beaucoup et qui vous a fait du mal. Et écrivez-lui (écrivez-vous) une lettre de pardon. Demandez-vous pardon pour toutes les situations que vous avez listées dans l'étape 1.

Exemple : *Cécile, je te demande pardon de ne pas avoir été à tes côtés durant cette période difficile. Sincèrement, je suis désolée et j'espère de tout cœur que tu sauras me pardonner.*

› **Étape 3 :** Faites une pause, puis relisez cette lettre comme si vous la receviez de quelqu'un d'autre. Et répondez à cette lettre en acceptant les excuses et en pardonnant.

Exemple : *Cécile, merci pour cette lettre qui m'a beaucoup touchée. J'accepte tes excuses et de tout mon cœur je te pardonne.*

› **Étape 4 :** Faites une pause, puis relisez cette deuxième lettre comme si vous la receviez de quelqu'un d'autre.

SE LIBÉRER DU STRESS

« Dire OUI au bonheur, c'est apprendre à dire NON à des choses et à des personnes qui réveillent votre stress. »

Audrey Akoun & Isabelle Pailleau

Un autre comportement concerne beaucoup d'entre nous : le stress ! La maladie du siècle paraît-il. Notre époque nous impose maîtrise de soi, performance, rapidité, réactivité, efficacité, rentabilité... Aïe aïe aïe ! Quel stress ! Comment gérer de plus en plus de choses en moins en moins de temps ? C'est ce que nous pouvons nous demander tous les jours lorsque nous sommes stressés. Nous rêvons de lâcher prise sur cette tendance à nous inquiéter de tout et tout le temps. Chaque situation peut être source de stress. Nos émotions s'entremêlent tout au long de la journée, de la peur à l'inquiétude, en passant par la tristesse ou l'angoisse. Notre corps peut s'exprimer alors par des tremblements, des tensions, des bouffées de chaleur ou au contraire des

frissons, des rougissements ou des douleurs à l'estomac.

La communication n'est pas simple pour nous dans ces moments-là, car chaque mot semble inapproprié, ne traduisant jamais assez bien notre pensée ou notre ressenti. Nous manquons alors clairement de confiance en nous. Il peut nous arriver de douter, d'hésiter et, après coup, de n'être que rarement satisfaits de nos résultats. Et arrive ce qui doit arriver, face à trop de stress, l'esprit et le corps viennent exprimer leurs limites et le lâcher-prise s'impose sous forme d'insomnies, de migraines, de fatigue chronique, de tensions dans différentes parties du corps, voire d'un possible état dépressif.

Pour se libérer de ce stress, de nombreuses techniques existent, mais la plupart reposent sur un facteur commun : apprendre à se détendre, à prendre du recul, à relativiser, à se relaxer. Nous pouvons donc déjà commencer par apprendre à faire des petites pauses, de véritables pauses ressourçantes et dynamisantes à la fois, et pourquoi pas par instaurer quelques petits rituels de respiration positive.

UNE CLÉ POUR SE LIBÉRER DU STRESS

Objectif : se libérer du stress par des petites pauses de respiration positives ! La pause « physique » implique une pause intellectuelle et une pause émotionnelle qui permettent de revenir à un état qu'on appelle « homéostasie », c'est-à-dire un équilibre à tout point de vue.

› **Étape 1 :** Chaque matin, instaurez un petit rituel de deux minutes pour débuter la journée sereinement : au moment où vous vous levez, peut-être après avoir été aux toilettes et vous être passé un peu d'eau sur le visage, tenez-vous droit, les pieds légèrement écartés, pour bien vous stabiliser. Fermez les yeux et prenez trois profondes respirations en portant votre attention simplement sur l'air qui rentre par vos narines, qui circule dans votre corps, et qui ressort par votre bouche lentement à votre rythme naturel. Portez votre attention sur les mouvements de votre ventre, de votre cage thoracique, de l'ensemble de votre corps.
› **Étape 2 :** Tout en gardant cette position et les yeux fermés, prononcez à voix basse ou dans votre tête la phrase suivante : « Une bonne

→

journée m'attend, j'ai vraiment envie de la savourer sereinement à chaque instant, quoiqu'il arrive ! » Laissez venir si un sourire se présente, si votre corps s'ouvre, si votre tête se redresse et vos épaules se relâchent et s'écartent, ou si votre colonne vertébrale s'aligne, vous redressant comme si un fil venait vous étirer depuis le sommet de votre crâne.

› **Étape 3** : Prenez une dernière respiration complète un peu plus profonde, rouvrez les yeux, puis reprenez le cours normal de votre journée. N'hésitez pas à reprendre les 3 étapes en adaptant la phrase aux différents moments de votre journée (avant une réunion, pendant votre pause déjeuner, le soir au moment de rentrer chez vous, etc.), si cela peut vous aider à profiter plus sereinement de chaque instant.

SE LIBÉRER DE LA HONTE

La honte est une émotion qui découle de la prise de conscience de ne pas avoir agi conformément à sa conscience et qui s'accompagne d'un sentiment d'indignité. Notre réaction est souvent alors de cacher notre comportement, notre action, ou son résultat, c'est-à-dire de cacher ce que nous considérons comme notre faiblesse, pensant ainsi améliorer notre dignité.

Nous pouvons avoir honte dans différents contextes, mais à chaque fois, il s'agit d'un manque d'estime de soi, d'une peur du regard de l'autre, du jugement de l'autre ou de notre propre jugement. Nous pouvons alors mettre en place des stratégies pour veiller à ce que personne ne puisse savoir, voire nous-mêmes nier : « Non je n'ai jamais échoué à un examen, je n'ai jamais divorcé, je n'ai jamais eu de crise de boulimie, je n'appartiens pas à cette famille, je n'ai jamais été malhonnête, je n'ai jamais séché les cours ou manqué une journée de travail sans raison valable, je n'ai jamais fait de mal à personne, je n'ai jamais menti, je n'ai jamais volé, je n'ai jamais trahi !... » Nous pouvons avoir honte de ce que nous avons fait ou bien de ce que nous n'avons pas fait, de ce que nous devrions faire et que nous ne faisons jamais.

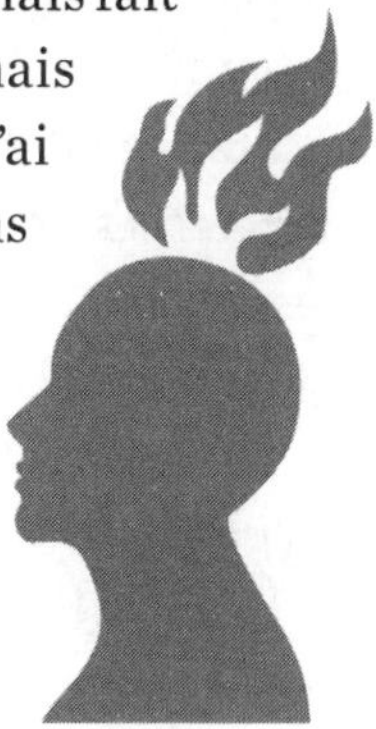

Voilà entre autres de quoi nous pouvons avoir honte. Et pour nous aider à lâcher prise de ce sentiment désagréable, plusieurs pistes peuvent nous aider : développer l'estime de soi, la confiance en soi, la bienveillance envers soi-même, l'acceptation de l'imperfection, etc.

UNE CLÉ POUR SE LIBÉRER DE LA HONTE

Objectif : se libérer de la honte par l'acceptation et l'estime de soi ! En accueillant ces émotions positives, nous nourrissons notre estime de nous-mêmes, ce qui transforme naturellement en retour tout reste de honte que nous pourrions encore avoir en acceptation de soi avec bienveillance.

› **Étape 1 :** Dans un premier temps, listez les différentes hontes que vous pouvez encore ressentir actuellement ou de temps en temps. De quoi avez-vous honte ?

Exemple *: J'ai honte de cacher la vérité à un proche.*

› **Étape 2 :** Reprenez chaque élément de votre liste et écrivez en majuscules la phrase suivante pour chacun des éléments : « MÊME SI JE

→

NE SUIS PAS PARFAIT, J'ACCEPTE AVEC BIENVEILLANCE (ce dont j'ai honte) ET JE FAIS DE MON MIEUX POUR ÊTRE QUELQU'UN DE BIEN.»

***Exemple** : MÊME SI JE NE SUIS PAS PARFAIT, J'ACCEPTE AVEC BIENVEILLANCE DE CACHER LA VÉRITÉ À MON AMI ET JE FAIS DE MON MIEUX POUR ÊTRE QUELQU'UN DE BIEN.*

› **Étape 3 :** Puis dans un second temps, listez les différentes fiertés que vous pouvez ressentir actuellement ou de temps en temps. De quoi êtes-vous fier ?

***Exemple** : Je suis fier de mes enfants.*

› **Étape 4 :** Reprenez chaque élément de votre liste et écrivez en majuscules la phrase suivante pour chacun : « MÊME SI JE NE SUIS PAS PARFAIT, J'ACCEPTE AVEC BIENVEILLANCE (ce dont je suis fier) ET JE FAIS DE MON MIEUX POUR ÊTRE QUELQU'UN DE BIEN.»

***Exemple** : MÊME SI JE NE SUIS PAS PARFAIT, J'ACCEPTE AVEC BIENVEILLANCE D'ÊTRE FIER DE MES ENFANTS ET JE FAIS DE MON MIEUX POUR ÊTRE QUELQU'UN DE BIEN.*

SE LIBÉRER DE LA PEUR

« «Le courage, ce n'est pas de vivre sans peur. Le courage, c'est d'avoir la peur de sa vie et de quand même avancer.»

Chae Richardson »

Pour terminer du côté des émotions, à l'opposé du lâcher-prise, à l'autre extrême, nous rencontrons une attitude bien différente, qui ne repose pas sur le « trop », mais sur le « pas assez ». Une personne passive peut sembler en apparence être dans un lâcher-prise total. Mais ce n'est pas le cas. Réfléchissons un instant. Lorsque nous sommes très passifs, que nous ne prenons pas de risques, que nous attendons, écoutons, acceptons de suivre les autres, sans conditions, parfois suiveurs, parfois soumis, c'est aussi que nous avons peur... Nous avons peur du jugement des autres, peur de ne plus être aimés, de ne pas être à la hauteur, peur de la solitude, peur d'échouer, peur de faire mal. Nous ne sommes pas sous l'emprise de la colère, de la culpabilité ou du stress, mais sous l'emprise de nos peurs.

Et dans ce cas, nous préférons ne rien faire plutôt que de faire mal ou de nous faire mal.

Et finalement, nous gagnerions aussi à « lâcher prise » ! En nous libérant de nos peurs, nous pourrions enfin « oser » être qui nous sommes vraiment et ainsi nous épanouir sincèrement.

UNE CLÉ POUR SE LIBÉRER DE LA PEUR

Objectif : se libérer de la peur en développant son courage et ses ressources !

› **Étape 1 :** Repensez à une situation dans votre vie durant laquelle vous avez « osé » prendre un risque. Rappelez-vous quand, où, avec qui, comment ?

› **Étape 2 :** Et rappelez-vous ce que vous avez ressenti après, juste après, à court terme, mais aussi à moyen terme, et aujourd'hui encore : que ressentez-vous en y repensant ?

› **Étape 3 :** Enfin, repensez maintenant à toutes les ressources qui vous ont permis d' « oser » ? Vos ressources personnelles, en terme de traits de caractères, de qualités humaines, vos ressources physiques, vos ressources extérieures, les personnes qui vous entouraient, etc.

Chapitre 3

Vivre en harmonie avec ce qui nous entoure : le lâcher-prise face au monde extérieur

Ce qui n'est pas évident lorsque l'on s'intéresse à la notion de bonheur, ou bien au contraire, comme dans ce livre, à ce qui peut faire obstacle à notre bonheur, c'est que nous ne vivons pas seuls dans un environnement isolé que nous contrôlons parfaitement. Le monde extérieur qui nous entoure a forcément un impact sur nos vies. Voyons justement où nous en sommes du côté de notre relation aux autres, aux objets ou encore à la nourriture.

TEST DE LÂCHER-PRISE DANS SES RELATIONS

Pour chacune des forces suivantes, évaluez votre niveau de capacité sur l'échelle de 1 à 5 qui la suit :

Faire confiance / Déléguer

J'en suis incapable — J'en suis capable

0	1	2	3	4	5

Savoir dire non / Savoir dire Stop

J'en suis incapable — J'en suis capable

0	1	2	3	4	5

Se séparer / Tourner la page d'une relation

J'en suis incapable — J'en suis capable

0	1	2	3	4	5

Ne rien attendre / Aucune exigence en retour dans mes relations

J'en suis incapable — J'en suis capable

0	1	2	3	4	5

Accepter l'autre / Accepter ses imperfections

J'en suis incapable J'en suis capable

0	1	2	3	4	5

Laisser le dernier mot à l'autre / Le laisser avoir raison

J'en suis incapable J'en suis capable

0	1	2	3	4	5

Pardonner à l'autre / Se libérer de toute rancune

J'en suis incapable J'en suis capable

0	1	2	3	4	5

Faire ses excuses / Reconnaître ses torts

J'en suis incapable J'en suis capable

0	1	2	3	4	5

Accueillir l'émotion de l'autre sans la subir / Être en bonne empathie

J'en suis incapable J'en suis capable

0	1	2	3	4	5

Accueillir les reproches d'autrui / S'en servir pour avancer

J'en suis incapable					J'en suis capable
0	1	2	3	4	5

Combien obtenez-vous sur un total de 50 ?

....

› ***Si votre total est compris entre 0 et 10 :*** *J'ai une excellente nouvelle pour vous, votre vie va bientôt changer ! Après avoir lu ce livre, vos relations aux autres vont évoluer et vous sembler beaucoup plus faciles et agréables. Vous allez enfin pouvoir apprécier vos relations à leur juste valeur en lâchant prise sur des attentes ou des croyances qui vous limitent dans votre propre épanouissement.*

› ***Si votre total est compris entre 11 et 39 :*** *Pas toujours facile de réagir de façon adaptée avec les autres, une partie de vous a certainement bien conscience de ce qui serait meilleur pour vous, et vous parvenez parfois à être fier de vos réactions spontanées, mais une autre partie sait que ce livre va vous aider à lâcher prise encore plus facilement dans certaines de vos relations* *et ainsi à vous épanouir encore et toujours plus !*

› ***Si votre total est compris entre 40 et 50 :*** *Bravo ! Vous avez bien compris que la relation à l'autre n'était que rarement parfaite, mais qu'il ne tenait qu'à vous d'accueillir les autres et les relations avec eux dans leurs imperfections. Vous savez lâcher prise sur ces situations relationnelles que vous ne maîtrisez pas parfaitement, mais qui vous apportent plus de plaisir qu'autre chose, et c'est cela qui est essentiel !*

SE LIBÉRER DE SES DÉPENDANCES AFFECTIVES

Dans une relation amoureuse, pas toujours facile de différencier la passion amoureuse de la dépendance affective. La frontière n'est pas toujours bien perceptible. Nous prenons plaisir à être avec l'autre, nous avons envie de passer encore et toujours plus de temps avec lui, puis nous commençons à en avoir besoin, et parfois même à ne plus exister lorsque l'autre n'est pas à nos côtés. Cela peut d'ailleurs se produire dans des relations autres qu'amoureuses, une dépendance affective pour un ami, pour une personne de notre famille, pour une personne que nous aidons ou qui nous aide. Notre bonheur peut finir par dépendre totalement soit du bonheur de l'autre, soit de la présence de l'autre, ou bien de la reconnaissance que nous en attendons par exemple.

Nous avons alors parfois envie de contrôler l'autre, pour son bien le plus souvent, et donc avec les meilleures intentions du monde. Ou alors, au contraire, nous pouvons nous laisser « contrôler » par l'autre pour répondre à ses attentes. Mais si cet autre ne répond pas à nos attentes, si cet autre n'est pas épanoui, ou au contraire, si nous ne parvenons pas à répondre à ses attentes, et que nous ne réussissons alors plus à profiter de l'instant présent en l'absence de cet autre, c'est que nous sommes dans une dépendance affective. Nous ne parvenons alors plus à lâcher prise sur cette relation pour vivre notre propre vie.

UNE CLÉ POUR SE LIBÉRER DE SES DÉPENDANCES AFFECTIVES

Objectif : se sentir libre dans ses relations aux autres en gagnant de l'autonomie !

› **Étape 1 :** Posez-vous les deux questions suivantes :

- Quelles sont les personnes qui peuvent avoir une forme de « contrôle » sur moi ?
- Quelles sont les personnes sur qui je peux avoir une forme de « contrôle » ?

Parmi ces relations, lesquelles peuvent m'empêcher de profiter de l'instant présent lorsque je ne suis pas à leurs côtés ?

Si vous identifiez une ou plusieurs relations de ce type, vous pouvez passer à l'étape suivante. Si ce n'est pas le cas, c'est parfait, nous pouvons heureusement aussi vivre de belles relations intimes et sincères avec des personnes sans pour autant tomber dans la dépendance affective.

› **Étape 2 :** Pour chaque relation de dépendance affective, imaginez que la personne concernée vous annonce qu'elle part pour son plus grand bonheur vivre définitivement dans

→

un pays lointain, coupée de toute nouvelle technologie et qu'elle ne compte plus jamais revenir. Imaginez alors votre nouvelle vie, et en accueillant avec bienveillance votre émotion liée à cette séparation, listez au moins une conséquence positive que cela aurait sur vous (ou plusieurs !).

Exemple : *Je pourrai alors revoir certains amis. Je pourrai être concentré sur mon travail. Je pourrai profiter de mes journées de repos.*

› **Étape 3 :** Reprenez chacune des conséquences positives de l'étape précédente et trouvez une petite action à faire qui vous permettrait dès maintenant d'obtenir ces résultats, même si cette personne est encore dans votre vie.

Exemple : *Revoir certains amis → Et si je reprenais contact avec l'un d'entre eux dès aujourd'hui ?*

Être concentré sur mon travail → Et si je trouvais un endroit plus adapté pour me concentrer en travaillant ?

Profiter de mes journées de repos → Et si je m'organisais une journée de bien-être rien que pour moi ?

SE LIBÉRER DU JUGEMENT

« Lorsque quelqu'un te met en colère, sache que c'est ton jugement qui te met en colère. »

Épictète

Est-il réellement possible de ne pas juger ? Cette question fait débat chez les philosophes ainsi que chez les thérapeutes. Face à une autre personne, nous ressentons quoiqu'il arrive une première « impression », dès le premier contact. Cette impression influence ensuite notre pensée, nos émotions, notre attitude, etc. Cette impression est-elle un jugement ?

Que nous soyons sous l'emprise de jugements naturels ou non, l'essentiel est de ne pas se laisser totalement et en permanence submerger par ces jugements. Dans le cas contraire, nous avons tendance à juger toutes les situations et toutes les personnes, mais aussi à nous juger nous-mêmes. Nos relations sont alors rarement simples, car une communication reposant sur le jugement favorise les quiproquos, les disputes, les mots qui blessent, le manque d'empathie et de diplomatie.

Même avec tout l'amour du monde, et toute la bienveillance du cœur, si nous sommes trop dans le jugement, nous pouvons blesser nos proches ou mettre des distances, n'acceptant pas très bien la différence, ou entrant souvent dans la compétition. Au niveau du corps, nous pouvons alors devenir sensibles aux constipations, aux tensions musculaires, le corps n'étant pas en harmonie avec l'attitude de jugement, tentant de retenir les mots, les gestes, les expressions qui risqueraient de dévoiler ces pensées au grand jour. Les relations professionnelles, personnelles, amicales sont souvent instables dans notre vie. Là encore, les aléas de la vie peuvent nous amener à faire face aux conséquences de notre attitude et c'est là que le lâcher-prise s'impose à nouveau. Seul, avec un sentiment d'abandon, d'injustice, d'incompréhension, voire de culpabilité, nous pouvons facilement nous écrouler dans l'isolement, le rejet ou dans la dépression. Il est temps de prendre du recul et de trouver des solutions pour reprendre sa vie en main, avec plus de « légèreté » et de « bienveillance » envers les autres et envers soi-même !

UNE CLÉ POUR SE LIBÉRER DU JUGEMENT

Objectif : se libérer de son jugement en gagnant en ouverture d'esprit ! Nous pouvons alors chercher à observer une même personne, une même situation sous son meilleur jour.

› **Étape 1 :** Pensez à une situation dans laquelle vous pouvez être tenté de porter facilement un jugement.

Décrivez en une phrase courte le ou les jugements qui vous sont déjà venus à l'esprit.

Exemple : *Il m'arrive de juger les personnes d'après leur tenue vestimentaire. Une personne avec des vêtements froissés, non repassés est sans doute une personne négligente. Une personne qui se tient droite avec un tailleur sur-mesure est sans doute une personne coincée.*

› **Étape 2 :** Cochez toutes les cases avec lesquelles vous êtes d'accord parmi les affirmations suivantes :

❒ Pas besoin d'être parfait pour être bon
❒ Pas besoin d'être parfait pour être beau
❒ Pas besoin d'être parfait pour être gentil
❒ Pas besoin d'être parfait pour être généreux

→

❒ Pas besoin d'être parfait pour être authentique

› **Étape 3** : Relisez maintenant votre phrase de jugement de l'étape 1 et demandez-vous : cette personne ou cette situation était-elle parfaite ? Cette personne ou cette situation était-elle bonne ? Belle ? Gentille ? Généreuse ? Authentique ? Juste ?

SE LIBÉRER DU REGARD DES AUTRES

« Et alors ?... »

Cécile Neuville & Anelor Dabo

Pas toujours facile de nous accepter tels que nous sommes, et en plus, il nous faut assumer que le monde entier nous voit tels que nous sommes. Alors souvent, nous avons tendance à cacher une partie de nous-mêmes, une partie de notre personnalité ou de notre apparence physique. Le fameux regard des autres... Par peur de ce dernier, nous pouvons même nous cacher totalement, rester chez nous, plutôt que d'aller nous amuser avec des amis, faire des cours de sport seuls chez nous, plutôt qu'en salle de sport ou en extérieur, ou pire à la piscine en maillot de bain.

Et puis la peur du ridicule aussi nous limite, nous préférons parfois nous contenir dans une attitude dite d'adulte, plutôt que de nous amuser comme des enfants, de revêtir des costumes, d'oser mettre une tenue que nous aimons, mais qui risquerait peut-être de ne pas plaire. L'envie ou le besoin de plaire nous amène même parfois à devenir quelqu'un d'autre, et finalement à nous « déguiser », avec des tenues qui ne nous ressemblent pas, dans des endroits ou avec des personnes qui ne nous correspondent pas. Et si nous apprenions tout simplement à nous accepter tels que nous sommes, à nous aimer ainsi et à aimer ceux qui nous aiment ainsi, en acceptant de ne pas plaire à tout le monde pour autant ?

UNE CLÉ POUR SE LIBÉRER DU REGARD DES AUTRES

Objectif : se libérer du regard des autres par l'acceptation et le « Et alors ? ». Ce n'est pas le regard des autres qui a un impact sur nous, c'est notre façon de l'accueillir.

› **Étape 1 :** Repensez à une situation dans laquelle vous vous êtes senti « limité » dans vos actions, ou dans votre attitude, en raison du regard des autres. Rappelez-vous ce que vous avez pensé, ressenti.

Exemple : *Je n'ai pas osé aller à la plage par peur de montrer mon corps, je me suis senti nul, lâche.*

› **Étape 2 :** Revoyez cette scène et imaginez ce que chacune des personnes aurait pu penser en vous voyant à ce moment-là si vous aviez été au bout de vos actions, sans cette limite du regard des autres.

Exemple : *Certaines personnes m'auraient regardé et trouvé gros. D'autres ne m'auraient pas vu, d'autres me trouveraient sans doute moins gros qu'elles, etc.*

› **Étape 3 :** Reprenez chacune des possibilités de réactions de ces autres, et terminez la phrase par « Et alors ? ».

Exemple : *Certaines personnes m'auraient regardé et trouvé gros. Et alors ?*

SE LIBÉRER DE LA JALOUSIE

La jalousie est une émotion assez particulière et qui a plusieurs versants. Il peut s'agir d'un sentiment que nous ressentons vis-à-vis d'une ou plusieurs autres personnes, qui fait naître en nous la sensation que ce que l'autre est, fait ou possède, est bien mieux que ce que nous sommes, faisons ou possédons nous-mêmes. Nous nous comparons à l'autre et l'envions, et pouvons nous sentir nettement inférieurs, focalisant toute notre attention sur ce qui nous manque et que nous retrouvons chez cet autre, quel qu'il soit.

Mais il peut aussi s'agir d'un sentiment lié à un manque de confiance en l'autre (en soi ?), dans une relation de couple par exemple, où la jalousie nous déstabilise parfois dès que notre partenaire se rapproche d'une autre personne, ou passe trop de temps loin de nous, ou porte plus d'attention à autre chose qu'à nous-mêmes. La jalousie peut être liée à un besoin d'amour, de reconnaissance, d'attention ou à une peur de l'abandon, de la solitude, de ne pas être à la hauteur ou de ne pas être aimé. Cette jalousie est tout à fait normale dans certaines situations et beaucoup parviennent à l'accueillir, l'exprimer, et à améliorer la situation dans leurs relations simplement et rapidement par quelques discussions sincères, empathiques et basées sur la confiance, l'amour et le respect. Cependant, parfois, la jalousie maladive peut nous mener à la paranoïa et nous pouvons alors agir de façon peu raisonnable : fouiller les poches, le téléphone, les mails, et même espionner ou faire appel à un détective. La confiance disparaît, le doute permanent s'installe et tout cela peut gravement nuire à la relation, que la jalousie soit fondée ou non au départ. En apprenant à lâcher prise sur ce sentiment, nous pouvons éviter d'en arriver à de telles situations et laisser place à la confiance, en soi, en l'autre et en la vie !

UNE CLÉ POUR SE LIBÉRER DE LA JALOUSIE

Objectif : se libérer de la jalousie en se rassurant soi-même.

› **Étape 1** : Identifiez les différents objets de votre jalousie. Dans quelles circonstances pouvez-vous ressentir de la jalousie ? De quoi ou de qui vous arrive-t-il d'être jaloux ? Et au

→

final, quelle est la personne la plus concernée/impliquée dans votre vie par votre jalousie ?

› **Étape 2 :** Dans un premier temps, prenez un papier et un stylo ou votre ordinateur et écrivez une lettre à cette personne. Écrivez-lui tout simplement pour lui faire part de votre sentiment de jalousie, ce que vous ressentez, dans quelle situation, laissez venir naturellement les mots, sans attente.

Vous n'aurez pas à lui remettre cette lettre donc vous pouvez être totalement sincère et honnête, vous ne risquez ni de blesser la personne concernée, ni de paraître ridicule.

› **Étape 3 :** Après une pause, mettez-vous dans la peau de la personne qui reçoit cette lettre et relisez-la avec ses yeux à elle. Puis écrivez une réponse bienveillante, comme si vous étiez cette personne et que vous vouliez rassurer l'auteur de la première lettre.

› **Étape 4 :** Enfin, après une petite pause, revenez bien en vous-même et relisez cette deuxième lettre comme si elle avait vraiment été écrite par cette autre personne. Et remerciez-la du fond du cœur.

TEST DE LÂCHER-PRISE FACE AUX OBJETS MATÉRIELS

Si notre relation aux autres impacte naturellement notre état émotionnel, notre relation au monde matériel a toute son importance aussi ! Comme nous l'avons vu, notre éducation joue un rôle essentiel sur notre capacité à lâcher prise, et c'est en particulier le cas quant à notre relation à l'argent, notre attachement aux objets, aux lieux même. Vous sentez-vous sous l'emprise de ce monde matériel à une époque où tout nous pousse à devenir matérialiste ? Nous allons y voir plus clair à l'aide de ce nouveau test.

Dans chacune des situations suivantes, quel serait selon vous votre niveau de lâcher-prise ?
(1 je ne sais pas du tout lâcher prise / 5 je sais totalement lâcher prise)

❒ *Pour faire de la place, vous devez vous séparer de vêtements abîmés ou qui ne sont plus à votre taille*

❒ *Vous oubliez votre téléphone / votre tablette / votre appareil photo dans le train*

❒ *Pour souder votre couple, vous devez vous séparer de vieilles lettres de vos ex-relations*

❒ *Vous sortez de votre travail et découvrez que votre voiture n'est plus là où vous l'avez garée*
❒ *En faisant une fausse manipulation, vous effacez tous les albums photos numériques que vous aviez sur votre ordinateur*
❒ *Vous arrivez en avion sur votre lieu de vacances pour 15 jours et on vous annonce que votre valise a été perdue*
❒ *Sans le faire exprès, vous cassez votre belle télé écran plat toute neuve*
❒ *Vous vous baignez en mer et soudain réalisez que vous avez perdu votre alliance*
❒ *Vous triez vos placards et trouvez de la vaisselle de famille inutilisée depuis des années*
❒ *Votre domicile prend feu et tout ce que vous possédiez a brûlé*

Combien obtenez-vous sur un total de 50 ?

....

› ***Si votre total est compris entre 0 et 10 :***
Chaque objet a son importance pour vous, qu'il ait une valeur sentimentale ou non, le simple fait de réaliser que vous devez vous séparer d'un objet auquel vous tenez ou qui vous est très utile, remet votre sérénité en

question. Vous êtes attaché à ces objets qui sont comme la continuité de vous-même.

❯ ***Si votre total est compris entre 11 et 39 :*** *Certains objets comptent plus que d'autres pour vous, mais quoiqu'il arrive, vous vous attachez en général vite à votre nouvelle maison, votre nouvelle voiture ou votre nouveau téléphone. Vous parvenez à tolérer la perte ou la casse de certains objets, mais ce n'est pas toujours facile d'accepter de vous en séparer, ou bien il vous faut un petit délai pour en faire le deuil.*

❯ ***Si votre total est compris entre 40 et 50 :*** *Bravo ! Vous avez bien compris que les objets ne sont que des objets et que ce qui compte fondamentalement, ce sont les émotions, les souvenirs qui y sont associés. Se séparer d'un objet ne signifie pas oublier tous ces souvenirs. Passées les premières minutes peu agréables, vous rebondissez immédiatement et pouvez d'avance vous réjouir des prochains objets qui vont certainement entrer dans votre vie ou bien de la place que les précédents vont laisser.*

SE LIBÉRER DES DÉPENDANCES MATÉRIELLES

Nous avons chacun été éduqués différemment dans notre relation aux objets, mais aussi dans notre relation à l'argent, autrement dit à tout ce qui est « matériel ». Certains ont eu la chance de développer ce que nous pourrions appeler une « conscience de richesse », ou un esprit de « liberté financière », qui nous permet de nous réjouir de tout ce que nous possédons déjà, de considérer le matériel et l'argent comme une forme d'énergie qui circule, qui peut aller et venir, nous laissant dans de bonnes émotions quoiqu'il arrive. Certains parlent du « détachement matériel », d'autres de l' « impermanence ». Ces personnes ont tout simplement développé des croyances positives et ont renforcé des ancrages positifs liés au monde matériel, ce qui leur permet d'avoir une relation saine à ce monde.

En revanche, d'autres n'ont pas eu cette chance, et ont été bercés par des phrases comme « l'argent ne fait pas le bonheur », « fais attention à tes affaires, c'est de l'argent » ou « sans mon porte-bonheur je ne serais rien ». Pour ces personnes, il peut arriver que les objets prennent une importance telle dans leur vie qu'il leur est impossible de vivre une semaine sans certains d'entre eux. Leur quotidien peut alors être « plombé » par une peur permanente de perdre, de casser ces objets, ou par une sorte de manque ou une peur de la pauvreté, et elles ne parviennent alors pas à lâcher prise sur ces objets ou sur cette peur quotidienne.

UNE CLÉ POUR SE LIBÉRER DE SES DÉPENDANCES MATÉRIELLES

Objectif : se sentir libre matériellement en gagnant en qualité relationnelle !

› **Étape 1 :** Posez-vous la question suivante : possédez-vous certains objets qui ont une telle importance dans votre vie que vous ne pouvez pas imaginer passer une semaine sans eux ?

Si vous identifiez un ou plusieurs objets de ce type, vous pouvez passer à l'étape suivante. Si ce n'est pas le cas, tant mieux (nous pouvons nous entourer d'objets auxquels nous tenons

→

sans pour autant tomber dans la dépendance matérielle).

› **Étape 2 :** Pour chaque objet pour lequel vous ressentez une forme de dépendance, imaginez qu'il disparaisse à jamais de votre vie. Imaginez alors votre nouvelle vie, et en accueillant avec bienveillance votre émotion liée à cette séparation, listez au moins une conséquence positive que cela aurait sur vous.

Exemple : *Mon téléphone : je pourrai être plus disponible dans l'instant présent avec les gens qui m'entourent. Je pourrai être plus efficace dans telle ou telle activité.*

› **Étape 3 :** Reprenez chacune des conséquences positives de l'étape précédente et trouvez une petite action à faire qui vous permettrait dès maintenant d'obtenir ces résultats, même si cet objet est encore dans votre vie.

Exemple : *Être plus disponible → Ce week-end je coupe mon téléphone pendant notre sortie en amoureux.*

Être plus efficace → Demain je vais couper mon téléphone durant la réunion.

SE LIBÉRER D'UNE DÉPENDANCE COMPORTEMENTALE

Nous avons vu que nous pouvions d'une certaine façon entrer dans une forme de dépendance à des personnes, ou à des objets matériels, mais comme vous le savez, nous pouvons être victimes de nombreuses autres formes de dépendances, davantage liées à des habitudes de vie. Nous pouvons nous sentir dépendants de la console de jeux, du sport, du shopping, des séries télé, de la méditation, du sexe...

Certaines addictions semblent moins risquées que d'autres, mais quelle que soit sa nature, une dépendance n'est pas saine lorsqu'elle prend trop de place dans notre vie. Même une dépendance au sport ou à la méditation peut devenir nuisible si elle nous empêche de profiter des autres moments de la journée tant elle occupe nos pensées. Si tout le reste nous semble insignifiant, fade, c'est qu'une forme de dépendance existe et qu'il est donc préférable de s'en libérer. Se libérer d'une dépendance ne signifie pas renoncer totalement à une habitude. Une personne accro aux jeux vidéo peut lâcher prise sur sa dépendance et parvenir à apprécier une petite partie de temps en temps avec grand plaisir tout en appréciant à nouveau d'autres formes d'occupations avec autant de plaisir. Lâcher prise, rappelons-le, ne signifie pas « mettre fin », ni « renoncer », mais se libérer de l'émotion négative qui nous empêche de vivre pleinement chaque instant.

UNE CLÉ POUR SE LIBÉRER D'UNE DÉPENDANCE COMPORTEMENTALE

Objectif : se libérer d'une dépendance comportementale en mettant en place de nouvelles habitudes, nous permettant d'obtenir le même résultat.

› **Étape 1 :** Dans un premier temps, identifiez au moins une dépendance comportementale qui vous donne l'impression qu'elle vous contrôle dans certaines situations, que vous n'avez plus le contrôle dans ces moments-là sur votre propre comportement.

› **Étape 2 :** Listez ensuite tous les bénéfices que vous pensez que cette dépendance vous apporte.

Exemple : *Le jeu vidéo me détend, diminue mon stress, c'est un lien social avec d'autres joueurs, etc.*

→

› **Étape 3 :** Reprenez chacun de ces bénéfices et imaginez que vous n'avez plus cette dépendance : quelles nouvelles habitudes plus saines pourriez-vous mettre en place pour obtenir le même résultat ?

Exemple : *Sans jeu vidéo, je peux me détendre en faisant une sieste chaque jour, je peux diminuer mon stress en faisant du footing, je peux garder un lien social en m'inscrivant dans un club de foot.*

SE LIBÉRER D'UNE DÉPENDANCE ALIMENTAIRE

Nous ne pouvons évoquer les différentes formes de dépendances sans nous intéresser particulièrement à l'une d'entre elles, qui s'avère très fréquente : la dépendance alimentaire. Combien sommes-nous à ne pas pouvoir nous contrôler lors d'une pulsion alimentaire face à du chocolat, à du pain et du fromage, à des gâteaux, ou à n'importe quel aliment que nous aimons particulièrement et qui peut nous donner envie, même lorsque nous n'avons plus faim ? Nous pourrions intégrer dans cette partie la dépendance à la cigarette, à l'alcool ou à plusieurs drogues douces, mais ces sujets font déjà l'objet de nombreux livres et surtout nécessitent souvent des accompagnements thérapeutiques par des professionnels, spécialistes de leur domaine respectif.

C'est plus fort que nous : nous devons manger cet aliment ! Nous savons qu'il serait préférable de se contenter d'un fruit ou d'un légume, meilleur pour la santé, mais non : c'est cet aliment-là qui nous attire. Et une fois que nous avons cédé à la tentation, comme un automate, vient souvent un mélange d'émotions pas très agréables, de culpabilité, de honte, de regrets, d'impuissance, de vulnérabilité. Nous rêvons alors de pouvoir lâcher prise sur ces pulsions, de pouvoir nous libérer de ces envies incontrôlables.

UNE CLÉ POUR SE LIBÉRER D'UNE DÉPENDANCE ALIMENTAIRE

Objectif : se libérer d'une dépendance alimentaire en apprenant à s'écouter ! Nous pouvons ainsi reprendre le contrôle de nos émotions et agir de façon plus consciente pour répondre à nos besoins de façon adaptée et saine pour notre corps et notre santé.

→

› **Étape 1** : En prévision de la prochaine pulsion, mettez à proximité de l'endroit où elle se produit le plus souvent un cahier avec un crayon, accessibles facilement.

› **Étape 2** : Lors de l'apparition de votre prochaine pulsion, juste avant d'y céder, prenez juste quelques instants pour saisir votre cahier et votre crayon, soyez sincèrement à l'écoute de vous-même, asseyez-vous et écrivez à ce moment-là tous les éléments suivants :

- Date
- Heure
- Qui est présent autour de moi ?
- Comment je me sens ?
- De quoi ai-je envie précisément ?
- Qu'est-ce que j'ai l'intention de manger ?
- En quelle quantité ?
- Comment vais-je me sentir après ?
- Comment me sentirais-je si je parvenais à accepter cette envie, sans y céder ?
- Ai-je soif ?

(Vous pouvez noter d'avance les questions dans votre cahier, pour ne pas avoir à vous en souvenir sur le moment.)

› **Étape 3** : Prenez encore une minute pour boire un grand verre d'eau, mais gorgée par gorgée, en prenant le temps de respirer entre

→

chaque gorgée. Puis écoutez-vous, prenez votre temps, si vous avez tout de même envie de manger, vous pouvez le faire, en prenant le temps de savourer chaque bouchée, éventuellement en buvant une nouvelle gorgée d'eau entre chaque bouchée et à chaque fois en respirant profondément avant la bouchée suivante. Prenez le temps d'apprécier chaque bouchée, comme si elle avait une importance capitale, mais comme si surtout elle vous remplissait l'estomac lourdement.

› **Étape 4 :** Une fois la pulsion passée, une fois que vous ne ressentez plus cette envie de manger, prenez quelques minutes à nouveau pour relire les notes que vous avez prises et ajoutez à la fin : « Petit à petit je me libère, je vais me libérer, et je fais de mon mieux pour y parvenir. » Et si vous en ressentez le besoin, fixez-vous à ce moment-là un nouvel objectif de compensation tel qu'un footing de 30 minutes, une série de 30 abdos ou au moins une bonne marche.

Chapitre 4

Aborder le futur sereinement : le lâcher-prise face à l'avenir

Vous connaissez très certainement dans votre entourage des personnes vivant « dans le passé » ? Peut-être même avez-vous tendance à ruminer ce passé de temps à autre ? Mais connaissez-vous des personnes qui savent se projeter dans l'avenir ? Des personnes qui rêvent, qui font des projets sans arrêt ? Peut-être y prenez-vous également beaucoup de plaisir ? Où en êtes-vous justement dans cette relation avec le temps ? Nous allons voir comment lâcher prise du poids du passé, mais aussi de la pression de l'avenir pour finalement mieux apprécier l'instant présent, même face à l'imprévu !

TEST DE LÂCHER-PRISE FACE À L'IMPRÉVU

Dans chacune des situations suivantes, quel serait selon vous votre niveau de lâcher-prise ?
(1 je ne sais pas du tout lâcher prise / 5 je sais totalement lâcher prise)

❑ *Vous partez en vacances et votre vol est annulé, vous devez attendre un jour de plus avant de partir*

❑ *Vous êtes fatigué en rentrant du travail et votre conjoint(e) vous annonce alors que ce soir il/elle a invité quelques amis ou de la famille à manger, qu'il faut tout préparer*

❑ *Vous aviez prévu d'aller à une super soirée immanquable, mais vous avez 40 de fièvre, vous devez y renoncer*

❑ *Vous aviez prévu de vous reposer aujourd'hui, mais une urgence de dernière minute vous occupe finalement toute la journée*

❑ *Vous aviez mis de l'argent de côté pour vous offrir un beau cadeau, mais la machine à laver tombe en panne, et vous devez dépenser votre petit « trésor » pour la remplacer*

❒ *Vous aviez prévu un super pique-nique familial ce dimanche, mais la pluie est au rendez-vous et vous devez annuler*

❒ *Toute une organisation en équipe était prévue pour un événement, mais au dernier moment une personne ne tient pas son rôle et vous devez réadapter toute l'organisation*

❒ *Vous êtes au travail comme à votre habitude et l'école appelle pour vous dire que l'un de vos enfants a eu un petit accident, mais rien de grave*

❒ *Vous vous réjouissiez d'avance d'aller au restaurant avec des amis, mais au dernier moment, la moitié d'entre eux n'a plus envie d'y aller, vous annulez*

❒ *Vous aviez prévu un beau repas aux chandelles en amoureux, mais une heure avant le dîner, le travail de votre conjoint l'appelle pour une urgence et il doit s'y rendre*

Combien obtenez-vous sur un total de 50 ?

....

› ***Si votre total est compris entre 0 et 10 :***
Votre vie va réellement s'alléger d'ici peu lorsque vous allez apprendre à accueillir avec

bienveillance les imprévus de la vie ! Pas facile pour le moment pour vous de faire face à des situations auxquelles vous ne vous attendiez pas, ou qui ne se déroulent pas comme vous l'aviez prévu. Vous allez pouvoir apprendre à lâcher prise sur ces imprévus en développant votre capacité d'adaptation !

› ***Si votre total est compris entre 11 et 39 :*** *Vous avez bien conscience que vous ne pouvez pas tout maîtriser et que parfois, vous devez vous adapter aux situations, lorsque celles-ci ne s'adaptent pas à vous ou à vos attentes ! Cependant, ce n'est pas toujours facile. Parfois vous préfèreriez que tout se déroule comme prévu. Heureusement, vous parvenez en général à trouver quoiqu'il arrive des solutions.*

› ***Si votre total est compris entre 40 et 50 :*** *Bravo ! Quelle belle capacité d'adaptation ! Hé oui, la vie est faite d'imprévus et vous vous y attendez. Le plus souvent, vous accueillez les nouvelles sereinement et il vous arrive même parfois de vous réjouir carrément de l'opportunité que vous offrent ces imprévus de vivre quelque chose de nouveau, de faire appel à des ressources insoupçonnées ou de vivre des situations exceptionnelles.*

SE LIBÉRER DU BESOIN DE CONTRÔLE

« Lâchez prise de votre attachement à avoir raison, et votre esprit est plus ouvert. »

Ralph Marston

Lorsque notre besoin de contrôle est trop présent, nous nous sentons nous-mêmes « contrôlés » par ce besoin ! Comme si nous devions à tout prix avoir raison, avoir le dernier mot, convaincre les autres, voire les contrôler pour obtenir ce que nous désirons. Le besoin de contrôle est souvent lié à nos attentes et nos désirs. Lorsque nous attendons beaucoup de la vie, des autres ou de nous-mêmes, nous sommes exigeants, perfectionnistes, et nous voulons sans cesse nous prouver que nous avons fait le bon choix, que nous allons au bout des choses quoiqu'il arrive, ne renonçant jamais, quelles qu'en soient les conséquences. Nous sommes souvent décrits comme « têtus », « déterminés », « acharnés », voire « battants », car oui, nous sommes souvent portés par une forme de volonté de combat contre tout et tout le monde.

Nous nous exprimons généralement par des affirmations assez catégoriques, en général sur la défensive ou par anticipation dans une forme d'attaque permanente. Nous sommes d'ailleurs dans une sorte de lutte continue contre l'imprévu, contre les aléas de la vie, portant souvent sur nos épaules de nombreuses responsabilités. Nos pauvres épaules et notre cou nous font parfois souffrir physiquement, car l'esprit et le corps sont étroitement liés. Notre apparence peut également dévoiler des tensions physiques : des épaules carrées, un buste tonique mais assez rigide, des gestes brusques, rarement hésitants.

Côté émotions, la raison passant quasiment toujours avant le cœur, nous ne parvenons pas forcément à les exprimer. Nous n'arrivons d'ailleurs pas bien à les identifier, car nous avons tendance dès qu'une émotion se présente, à la nier, la « cacher » sous une forme de « carapace », ou derrière des « œillères ». Ou alors à l'extrême inverse, il peut nous arriver d'exprimer tout d'un seul coup, que ce soit sous forme de crises de colère, de crises de larmes, de crises d'angoisse, ou heureusement aussi de débordements d'amour, de passion, de gratitude ou d'altruisme. C'est souvent tout ou rien,

dans l'extrême, car les émotions ne se « contrôlent » pas, et lorsque nous les retenons de leur dynamique naturelle, elles finissent toujours pas s'exprimer d'une façon ou d'une autre, un peu comme une cocotte-minute qui chauffe, qui chauffe et de temps en temps, hop, la pression se relâche !

Et c'est ainsi que, parfois aussi, nous atteignons une limite. Notre corps nous crie « stop » ! Une pause est nécessaire, et c'est là que le lâcher-prise s'impose, mais le plus souvent par une maladie, un *burn-out* ou un incident qui nous « oblige » à ralentir ou à nous arrêter.

UNE CLÉ POUR SE LIBÉRER DE SON BESOIN DE CONTRÔLE

Objectif : se sentir libre de son besoin de contrôle en gagnant en confiance ! La conscientisation de notre manque de confiance en soi ou en l'autre peut nous permettre d'avancer, en agissant non plus pour « avoir le sentiment de tout contrôler », mais pour « apprendre à faire confiance ».

→

› **Étape 1 :** Pensez à une situation dans laquelle vous avez « besoin » de garder le contrôle et définissez-la en une phrase courte.

Exemple : *« J'ai besoin de contrôler la situation au travail, de tout anticiper, de tout vérifier, dans mes tâches mais aussi dans celles des autres. »*

› **Étape 2 :** Terminez la phrase suivante : « J'ai besoin de contrôler cette situation car… »

Exemple : *J'ai besoin de contrôler la situation au travail, car j'ai envie que tout soit bien fait.*

› **Étape 3 :** Terminez la phrase suivante : « J'aurais moins besoin de contrôler cette situation si j'avais plus confiance en … »

Exemple : *J'aurais moins besoin de contrôler la situation au travail si j'avais plus confiance en mes collègues.*

› **Étape 4 :** Pour terminer, imaginez que vous arriviez enfin à avoir plus confiance, même si tout ne serait pas parfaitement tel que vous l'imaginiez : quels seraient alors les bénéfices de votre changement d'attitude pour vous ? Pour les autres ? À court terme, à long terme ?

SE LIBÉRER DU PERFECTIONNISME

« Pas besoin d'être parfait pour être bon ! »
Cécile Neuville & Anelor Dabo

La notion de contrôle s'oppose au lâcher-prise, nous l'avons vu, mais l'un des traits de caractère plus précis lié à ce besoin de contrôle et qui revient fréquemment, en particulier chez les personnes cherchant à lâcher prise, est le perfectionnisme !

Lorsque nous sommes perfectionnistes, nous aimons que tout soit parfait, parfaitement réalisé, en temps et en heure, dans le moindre détail. Nous sommes en général assez maniaques du rangement, de la propreté, chaque chose à sa place, et chaque chose en son temps. Très organisés, nous faisons souvent des listes et hiérarchisons les tâches. Cela peut sembler très bon en apparence, et même donner envie à nos proches qui peuvent parfois nous admirer sur certains points. Cependant, au quotidien, imaginez… Nous sommes en week-end, après une bonne semaine bien menée, nous voilà à un pique-nique en famille, sous un beau soleil.

Tout semble parfait ! Mais nous avons oublié de prendre un sac poubelle... et là, c'est le drame ! Nous nous énervons alors contre nous-mêmes, ou pire contre les autres, qui n'y ont pas pensé non plus. Le revers de la médaille, c'est qu'il n'est quasiment pas possible pour une personne perfectionniste de profiter de l'instant présent, car la vie n'est jamais « parfaite » ! Les imprévus, les aléas, les changements, les oublis, les quiproquos, la maladresse sont autant de facteurs qui contribuent à rendre imprévisibles et donc « incontrôlables » certaines situations qui ne se déroulent alors pas parfaitement comme prévu !

UNE CLÉ POUR SE LIBÉRER DU PERFECTIONNISME

Objectif : se libérer de son perfectionnisme en gagnant en optimisme !

› **Étape 1 :** Pensez à une situation que vous vivez en ce moment et que vous ne considérez pas comme « parfaite », alors que vous aimeriez vraiment qu'elle le soit.

› **Étape 2 :** Puis prenez du recul, mettez-vous dans la peau de la personne la plus optimiste

→

que vous connaissiez et imaginez tous les avantages que cette personne trouverait à cette situation imparfaite.

Puis reprenez la phrase suivante en l'associant à votre situation :

« Même si la situation n'est pas parfaite, elle a au moins les avantages suivants : … »

TEST DE LÂCHER-PRISE FACE À L'AVENIR

Faites-vous partie des personnes qui voient le verre à moitié plein ou à moitié vide ? Et si je vous disais que pour ma part, je le vois entièrement plein : une moitié du verre est pleine d'eau et l'autre moitié... est pleine d'air ! Tout est question de point de vue ! L'optimisme est avant tout une façon de voir le monde sous son meilleur jour, celui qui nous semble le plus agréable. Et les recherches en psychologie positive ont permis de mettre en évidence que l'un des principaux facteurs du bonheur était justement l'optimisme, qui invite à avoir confiance en l'avenir.

L'échelle de disposition à l'optimisme, créée par Erik J. Giltay, traduite et adaptée par Jean Cottraux, membre fondateur de l'Académie de thérapie cognitive et enseignant à l'université Lyon-I, va vous permettre de faire le point.

Évaluez chacun des quatre énoncés suivants en retenant la lettre de la réponse que vous choisissez.

Question 1 : J'attends toujours plus de la vie
A. Je suis complètement d'accord
B. Je suis en partie d'accord ou je ne sais pas
C. Je ne suis pas d'accord

Question 2 : Je n'attends rien de ce qui va m'arriver dans les années à venir
A. Je suis complètement d'accord
B. Je suis en partie d'accord ou je ne sais pas
C. Je ne suis pas d'accord

Question 3 : Mes jours me semblent s'écouler lentement
A. Je suis complètement d'accord
B. Je suis en partie d'accord ou je ne sais pas
C. Je ne suis pas d'accord

Question 4 : Je suis toujours plein de projets
A. Je suis complètement d'accord
B. Je suis en partie d'accord ou je ne sais pas
C. Je ne suis pas d'accord

Avant de vous donner les moyens d'évaluer votre niveau d'optimisme, précisons que ce test n'est qu'une synthèse de tests beaucoup plus poussés. Aussi, considérez-le bien comme une indication des aspects de votre optimisme.

Votre résultat

- *Question 1 : A. 2 ; B. 1 ; C. 0*
- *Question 2 : A. 0 ; B. 1 ; C. 2*
- *Question 3 : A. 0 ; B. 1 ; C. 2*
- *Question 4 : A. 2 ; B. 1 ; C. 0*

Faites le total de vos points et vous obtiendrez ainsi un résultat sur une échelle de 0 à 8 de votre niveau d'optimisme. À vous ensuite de voir quel niveau vous souhaiteriez atteindre !

Petites précisions : il faut savoir que des études ont révélé qu'effectivement, les optimistes avaient parfois du mal à être réalistes. Mais il a aussi été prouvé que réalistes ou non, ce sont les optimistes qui font le plus avancer le monde et qu'ils sont beaucoup plus heureux que les pessimistes. Croyez en l'avenir et il vous sourira ! Parole d'optimiste !

SE LIBÉRER DU POIDS DU PASSÉ

« Lorsque ton passé t'appelle, ne réponds pas, il n'a rien de nouveau à te dire. »

Cherry Blossom

Nous avons tous traversé des épreuves de vie, que nous préférerions oublier, ou au moins pouvoir mettre de côté pour que ces souvenirs ne viennent plus hanter notre présent et nous limiter dans nos projets d'avenir. Certains y parviennent mieux que d'autres d'ailleurs. Mais lorsque nous sommes encore sous l'emprise de ce passé, nous avons de grandes difficultés à profiter du moment présent et encore plus à nous projeter dans l'avenir. Les souvenirs, les traumatismes du passé nous encombrent l'esprit, parfois même habitent nos nuits sous forme de cauchemars ou d'insomnies. Nos pensées sont envahies en quasi-permanence par des phrases, des images, des flashs même parfois, incontrôlables, des idées qui ont été ancrées il y a bien longtemps, mais qui vivent en nous comme au premier jour. De nombreuses personnes ne parvenant pas à lâcher prise sur le passé ont été victimes d'un traumatisme, ponctuel (attentat du 11 septembre, humiliation, viol, agression…) ou dans la durée (enfance difficile, intimidations régulières, harcèlement). Lorsque le passé nous assaille à ce point, il ne nous est alors pas possible de nous relâcher totalement, ni de nous vider la tête.

UNE CLÉ POUR SE LIBÉRER DU PASSÉ

Objectif : se libérer de son passé en gagnant en gratitude ! En donnant du sens, de l'intérêt aux expériences de notre passé, nous pouvons remercier la vie d'avoir mis ces épreuves sur notre chemin, car elles nous ont permis en contrepartie de vivre de très belles expériences.

› **Étape 1 :** Repensez à une situation de votre passé que vous pourriez comparer symboliquement à une porte qui s'est fermée pour vous. Repensez à une situation que vous avez vécue

→

peut-être comme un traumatisme et qui vous a donné l'impression de fermer une porte sur un avenir plus grand, plus beau.

› **Étape 2 :** Maintenant, identifiez au moins trois portes qui se sont finalement ouvertes pour vous par la suite. Identifiez trois conséquences positives qui ne seraient sans doute jamais arrivées dans votre vie si vous n'aviez pas vu cette première porte se fermer.

› **Étape 3 :** Puis, en accueillant avec bienveillance cette première porte fermée, laissez monter en vous un sentiment de gratitude pour ces portes qui se sont finalement ouvertes ensuite.

SE LIBÉRER DE SES ATTENTES ET DE SES DÉSIRS

En tant qu'êtres humains, nous sommes naturellement influencés par certains besoins psychosociologiques : le besoin d'aimer et d'être aimé, le besoin de reconnaissance, le besoin d'accomplissement, le besoin d'autonomie, mais aussi le besoin d'appartenance ou de sécurité. Ces besoins peuvent parfois être contradictoires, plus ou moins conscients. Quoiqu'il en soit, ils influencent nos vies au quotidien. En particulier, ils influencent nos désirs et nos attentes. Pour certains d'entre nous, ces besoins nous poussent à vivre sans cesse dans le désir, dans « l'attente de ». Par besoin de reconnaissance, nous pouvons attendre des compliments de notre patron, par besoin d'amour, nous pouvons attendre des attentions de notre conjoint, par besoin de sécurité, nous pouvons désirer très fort gagner au loto… Et dans cette attente, ce désir hante nos pensées et nous ne nous sentons pas bien. Sans compter que nous pouvons être particulièrement déçus si nous n'obtenons pas le résultat tant désiré ou attendu. Nous pouvons avoir des objectifs comme tout le monde, mais ces objectifs peuvent devenir obsessionnels, nous occuper l'esprit en permanence et il nous est alors impossible de lâcher prise et de profiter de la vie tant que nous n'avons pas assouvi notre désir ou tant que l'autre ou la vie n'a pas répondu à nos attentes.

UNE CLÉ POUR SE LIBÉRER DE SES ATTENTES ET DE SES DÉSIRS

Objectif : se sentir libre de ses désirs et attentes en prenant du plaisir tout au long du chemin !

› **Étape 1 :** En pensant à ce qui vous occupe souvent l'esprit en ce moment, complétez la phrase suivante par plusieurs désirs qui vous viennent comme ça spontanément : « En ce moment, je désire vraiment... »

Parmi ces désirs, en avez-vous un ou plusieurs qui vous préoccupent beaucoup actuellement et qui provoquent des émotions désagréables chaque jour durant votre attente de leur réalisation ?

Si oui, vous pouvez passer à l'étape suivante. Si ce n'est pas le cas, très bien, nous pouvons avoir aussi des objectifs, des rêves qui nous portent, qui nous motivent et nous inspirent uniquement des émotions positives.

› **Étape 2 :** Pour chaque désir néfaste dont vous aimeriez vous libérer, suivez le processus suivant :

1. Remplacez tout d'abord la phrase « En ce moment, je désire vraiment... » par la phrase « Je préférerais vraiment... » ;

→

2. Ajoutez cette fin de phrase : « Je préférerais vraiment .... et je vais faire de mon mieux pour y parvenir. » ;
3. Finalement, ajoutez cette fin de phrase : « Je préférerais vraiment .... et je vais faire de mon mieux pour prendre du plaisir à ressentir ce désir. »

LE LÂCHER-PRISE : UN JUSTE ÉQUILIBRE

Que nous luttions pour contrôler l'incontrôlable, que nous combattions nos propres jugements ou que nous nous débattions contre le stress ou contre nos peurs, notre jalousie, notre colère, nous sentons bien au fond de nous dans ces moments-là que nous nageons à contre-courant. Et j'ai une très bonne nouvelle pour chacun de nous : il est possible de sortir la tête de l'eau, de faire demi-tour et de se laisser porter naturellement par un « courant porteur », facteur de paix, de liberté, de sérénité, de simplicité, de bonheur ! Lâcher prise revient donc à sortir la tête de l'eau, mais aussi à faire ce demi-tour et à continuer à nager dans le bon sens.

À ce stade, je ne sais pas à quel niveau de la rivière vous en êtes, ni depuis combien de temps vous nagez à contre-courant, ou si au contraire vous avez déjà commencé votre demi-tour et nagez déjà dans le bon sens à bonne allure.

> « Je compare la vie aux cordes d'un instrument de musique, qu'il faut tendre et relâcher pour qu'elles rendent un son plus agréable. »
>
> ***Démophile***

Comme vous pouvez donc le constater, lâcher prise n'est pas aussi simple que vous pouviez le penser au départ. Car il ne s'agit pas uniquement de tout arrêter, de faire une pause ou de se détendre, ni d'attendre, de se mettre sur le côté pour observer les autres. Il ne s'agit pas de renoncer à tout, ni de tout accepter. Il s'agit, comme je l'ai dit tout au début de ce livre, de trouver un équilibre entre différentes dynamiques intellectuelles, émotionnelles et corporelles complémentaires : entre le « laisser aller » et le « tenir bon », entre la souplesse et la persévérance, entre le ressourcement et le passage à l'action, entre l'accueil bienveillant et la volonté de changement, entre la confiance en soi, en l'autre et en la vie !

« Que la force me soit donnée de supporter ce qui ne peut être changé et le courage de changer ce qui peut l'être mais aussi la sagesse de distinguer l'un de l'autre. »

Marc Aurèle

Ni hérisson, ni paillasson, les personnes qui ont trouvé leur équilibre dans le lâcher-prise sont donc des personnes courageuses, persévérantes, qui ont développé une capacité d'adaptation, une bienveillance pour elles-mêmes comme pour autrui, une paix intérieure. Elles alternent des moments d'action et des moments de repos, elles respectent les autres et se respectent elles-mêmes, elles écoutent leur corps et accueillent leurs émotions. Elles connaissent et acceptent leurs possibilités mais aussi leurs limites, tout comme les possibilités et les limites des autres. Elles vivent pleinement et profitent de chaque instant !

APPRENDRE À NOS ENFANTS À LÂCHER PRISE

L'HOMME DANS LE TROU

Un homme tomba dans un trou et se fit très mal.

Un cartésien se pencha et lui dit : « Vous n'êtes pas rationnel, vous auriez dû voir ce trou. »

Un spiritualiste le vit et dit : « Vous avez dû commettre quelque péché. »

Un scientifique calcula la profondeur du trou.

Un journaliste l'interviewa sur ses douleurs.

Un yogi lui dit : « Ce trou est seulement dans ta tête, comme ta douleur. »

Un médecin lui lança deux comprimés d'aspirine.

Une infirmière s'assit sur le bord et pleura avec lui.

Un thérapeute l'incita à trouver les raisons pour lesquelles ses parents le préparèrent à tomber dans le trou.

Une pratiquante de la pensée positive l'exhorta : « Quand on veut, on peut ! »

Un optimiste lui dit : « Vous avez de la chance, vous auriez pu vous casser une jambe. »

Un pessimiste ajouta : « Et ça risque d'empirer. »

Puis un enfant passa, et lui tendit la main…

Nous sommes ce que nous sommes car nous avons appris à l'être ! Lorsque nous étions enfants, nous possédions naturellement de nombreuses forces et nous avons parfois appris à les contenir et développé quelques limites à notre propre épanouissement. Ce n'est pas la vie qui nous apprend à être altruistes, confiants, gentils, souriants, curieux, créatifs, etc. À l'inverse, c'est la vie qui peut nous amener à mettre en cage ces différentes forces naturelles. À nous ensuite de réapprendre ce lâcher-prise originel.

Aussi, comment pouvons-nous éviter que nos enfants se ferment trop de portes sur le chemin de leur épanouissement personnel ? C'est ce que bon nombre de parents, d'éducateurs et d'enseignants se demandent souvent. Nous souhaitons tous le bonheur des futures générations, mais parfois, sans le vouloir, nous posons nous-mêmes des obstacles sur leur chemin. Voici maintenant douze clés qui vous permettront d'adopter une attitude positive à l'égard de vos enfants et de favoriser en eux l'apprentissage du lâcher-prise.

12 CLÉS POUR APPRENDRE À NOS ENFANTS À LÂCHER-PRISE

1. Observons-les

Prenons le temps de les observer, leurs attitudes, leurs jeux, leurs discussions, leurs émotions, leurs réactions, leurs questions, soyons attentifs et... apprenons d'eux ! Depuis combien de temps n'avez-vous pas tout simplement observé de loin un enfant qui joue seul, ou un groupe d'enfants qui joue sans la présence d'un adulte ? C'est très instructif ! En les observant, nous pourrons alors cesser de les réprimander sans raison, par habitude au moindre bruit, au moindre écart à la « règle » !

2. Autorisons-leur l'échec

Winston Churchill a dit « le succès, c'est d'aller d'échec en échec sans perdre son enthousiasme ». Il n'y a que celui qui ne fait rien qui ne se trompe pas, alors encourageons nos enfants à essayer, à expérimenter, à échouer, pour mieux se relever, et apprenons-leur à tirer parti de leur expérience pour progresser chaque jour un peu plus ! Et veillons à maintenir leur enthousiasme tout au long du chemin !

3. *Donnons du sens à chaque échec*

À chaque fois qu'ils n'atteindront pas leur objectif, valorisons les bons côtés de la situation, les efforts fournis, les progrès observés, les bénéfices obtenus, l'utilité de cette situation. Répétons régulièrement que toute épreuve est source d'apprentissage, qu'il n'y a pas de problème, que des solutions, que les problèmes sont des énigmes à résoudre, et qu'il faut parfois du temps justement pour les résoudre et trouver les solutions, mais que nous finissons toujours par y parvenir.

4. *Valorisons leurs ressources et leurs réussites*

Prenons le temps régulièrement d'identifier nous-mêmes les qualités de nos enfants, leurs forces, leurs capacités, leurs réussites, et demandons-leur aussi quelles forces ils possèdent, de quelle qualité ils ont fait preuve dans leur dernière réussite. Habituons-les chaque jour à se demander ce qu'ils ont bien réussi aujourd'hui et comment ils y sont parvenus !

5. *Développons leur autonomie*

Laissons-les jouer seuls régulièrement, qu'ils apprennent à se découvrir eux-mêmes, dans leurs envies, leurs goûts, leur créativité, proposons-leur des activités comme du puzzle, de la pâte à modeler, du dessin, de la peinture, de le danse, du sport, des mandalas, de la méditation même, mais tout seuls, avec la responsabilité de faire attention aux affaires, et de ranger ensuite. Invitons-les à nous surprendre en nous prouvant que nous pouvons leur faire confiance. Et ne venons pas toutes les 5 minutes vérifier, sinon l'effet sera contraire ! Au pire, nous ferons un peu de rangement à la fin avec eux, mais le principal, c'est que nos enfants apprendront à ne plus dépendre tout le temps des autres. « Tu as besoin d'un verre là-haut ? Prends une chaise en faisant attention et tu vas t'en sortir, je te fais confiance. »

6. *Lâchons prise sur les bulletins de note*

Imaginez qu'une personne vienne contrôler sans cesse votre travail, plusieurs fois par jour, et que quelqu'un évalue chacune de vos

actions avec une note, qu'à la fin de l'année, cette personne vous remette un bulletin de notes et vous impose de le faire signer par l'ensemble de votre famille, de vos amis. Il vous serait impossible de continuer votre activité par passion, vous le feriez pour avoir une bonne note, ou pour ne pas décevoir vos proches, pour ne pas avoir honte devant eux. Il en est de même pour nos enfants. Ainsi, lorsque nous recevons ce bulletin de notes, interrogeons simplement notre enfant sur ce qu'il ressent, demandons-lui ce qu'il en pense, et ce qu'il a appris de tout cela. Et rappelons-lui que nous l'aimons, et que quoiqu'il arrive, nous serons toujours là pour l'aider à faire de son mieux ! Ne serait-ce pas ce que nous aimerions entendre de nos proches si nous devions leur rendre des comptes sur notre travail ?

7. *Développons leur communication bienveillante*

Apprenons-leur à identifier, puis à exprimer leurs émotions, à mettre des mots sur leurs ressentis, à identifier puis à exprimer leurs besoins, leurs désirs, leurs attentes, avec des mots justes, dans une intention juste et avec bienveillance envers eux-mêmes et envers les autres.

8. *Développons leur empathie*

En retour, apprenons-leur à identifier et à écouter les émotions, les besoins, les désirs, les attentes des personnes qui les entourent ! Apprenons-leur à se mettre parfois à la place des autres pour mieux comprendre leurs réactions, leurs émotions et ainsi mieux les accueillir et s'y adapter.

9. *Entretenons leur passion pour ce qu'ils aiment*

Soyons de bons observateurs, écoutons nos enfants, interrogeons-les, interrogeons leurs enseignants pour identifier ce qui les anime vraiment. Qu'est-ce qui est important pour eux ? Quels sont leurs passions, leurs centres d'intérêt ? Et aidons-les de notre mieux à exploiter cette passion pour développer leurs compétences dans cette direction. Si notre enfant aime courir, faisons-lui réciter ses leçons en courant ! Si notre enfant aime dessiner, faisons-lui écrire les tables de multiplications à la peinture avec des illustrations !

10. Développons leur curiosité

Et pour commencer, prenons le temps de répondre à toutes leurs questions, apprenons-leur à chercher les réponses si nous ne les avons pas, accompagnons-les dans cette recherche, incitons-les à poser des questions en les valorisant dès qu'ils s'intéressent à quelque chose de nouveau. Si notre enfant pose une question sur les planètes, emmenons-le dans un planétarium, s'il s'intéresse à la mythologie grecque, offrons-lui un livre sur le sujet ou proposons-lui de nous faire un petit exposé en famille sur ce thème. Et portons de l'attention à chaque étape, de l'idée à la présentation devant la famille.

11. Rappelons-leur que nous les aimons sans conditions

Et quoiqu'il arrive, même dans les moments les moins agréables, rappelons toujours à nos enfants que nous les aimons, tout simplement, sans expliquer pourquoi ni comment, mais avec des mots simples comme « Et quoiqu'il arrive, tu sais mon cœur, je t'aime ! ».

12. Montrons l'exemple

Les enfants sont de grands imitateurs, offrons-leur de belles choses à imiter ! Osons parfois sortir du cadre, osons prendre des risques et accueillir l'échec comme un apprentissage, donnons du sens à nos échecs, valorisons nos forces et nos réussites, lâchons prise sur nos résultats professionnels chiffrés, développons notre propre communication bienveillante, notre empathie, développons nos passions et notre curiosité ! Et parlons de tout cela avec nos enfants régulièrement !

Pour conclure, que pourriez-vous faire dans les jours à venir pour apporter au moins l'une de ces clés à l'un de vos enfants, ou à un enfant de votre entourage ?

....

....

CONCLUSION JE NE SAIS PAS SI C'EST UNE BONNE OU UNE MAUVAISE CHOSE...

LE VIEIL HOMME ET LE CHEVAL BLANC

C'est l'histoire d'un vieil homme qui vit dans un petit village. Bien que pauvre, il est envié par tous, car il possède un beau cheval blanc. Même le roi convoite son trésor. De nombreuses personnes viennent faire des propositions de prix fabuleux pour s'acheter ce magnifique cheval. Mais le vieil homme refuse toujours.

L'homme est pourtant pauvre et la tentation est grande. Mais il ne vend finalement jamais ce cheval.

Un matin, il constate qu'il n'est pas dans son écurie. Tout le village vient le voir. « Vous êtes un vieux fou ! se moquent-ils. Nous vous avions prévenu que vous seriez volé. Vous êtes si pauvre. Comment avez-vous pu garder pour vous un animal si précieux ? »

Le vieil homme leur répond très sereinement : « Ne parlez pas trop vite. Dites seulement que le cheval n'est pas dans l'écurie. C'est tout ce que nous savons, le reste, c'est votre interprétation. **Et je ne sais pas si c'est une bonne ou une mauvaise chose.** »

Quinze jours plus tard, le cheval revient. Il n'avait pas été volé, il s'était enfui dans la forêt. Non seulement il est revenu, mais il est en plus accompagné d'une douzaine de chevaux sauvages. Une fois de plus, les gens du village se réunissent autour du bûcheron et commencent à discuter : « Vieil homme, tu avais raison et nous avions tort. Ce que nous pensions être une malédiction était en fait une bénédiction. S'il vous plaît, pardonnez-nous. »

L'homme leur répond alors : « Une fois de plus, vous allez trop loin. Dites seulement que le cheval est de retour. Effectivement, une douzaine de chevaux sont arrivés avec lui, mais n'interprétez pas plus que cela la situation. **Et je ne sais pas si c'est une bonne ou une mauvaise chose.** »

Le vieil homme a un fils, un fils unique. Le jeune homme commence à dresser les chevaux sauvages. Quelques jours plus tard, il tombe d'un des chevaux et se casse les deux jambes. Une fois de plus, les villageois se réunissent autour du vieil homme et lui lancent leurs jugements. « Vous aviez raison, déclarent-ils. Vous avez prouvé que vous aviez raison. La douzaine de chevaux n'était effectivement pas une bénédiction. Ils étaient une malédiction. »

Le vieil homme s'exprime à nouveau : « Dites seulement que mon fils s'est cassé les jambes. Qui sait si c'est une bénédiction ou une malédiction ? Personne ne sait. **Et je ne sais pas si c'est une bonne ou une mauvaise chose.** »

Il se trouve que quelques semaines plus tard, le pays s'engage dans une guerre contre un pays voisin. Tous les jeunes hommes du village sont appelés pour rejoindre l'armée. Seul le fils du vieil homme n'est pas mobilisé, car il est blessé. Une fois de plus les gens se rassemblent autour du vieil homme. « Vous aviez raison, vieil homme, disent-ils en pleurant. Dieu sait que vous aviez raison. C'est prouvé maintenant. L'accident de votre fils était une bénédiction. »

Le vieil homme leur répond à nouveau : « **Je ne sais pas si c'est une bonne ou une mauvaise chose.** »*

C'est avec cette légende que je conclus ce petit guide en vous invitant, à chaque épreuve de votre vie, à chaque nouvelle situation, à vous rappeler de cette phrase : « Je ne sais pas si c'est une bonne ou une mauvaise chose, mais je sais que je vais faire de mon mieux pour profiter de la vie avec ! »

---

* Traduction et adaptation par Cécile Neuville du texte de Max Lucado, *The Old Man and The White Horse,* (« Le vieil homme et le cheval blanc ») extrait de *In the Eye of the Storm.*

TABLE DES MATIÈRES

Achevé d'imprimer en Espagne
par BlackPrint CPI Ibérica S.L.
Sant Andreu de la Barca (08740)
Dépôt légal : novembre 2014
Imprimé en Espagne